100 RECETTES
PETIT BUDGET

webedia/books.

SOM
MAIRE

LE GUIDE complet DE LA CUISINE PETIT BUDGET

FAIRE DES ÉCONOMIES SUR SON PANIER DE COURSES

Cuisiner avec un budget serré implique en premier lieu de faire attention au ticket de son panier de courses. Il existe plusieurs astuces permettant de faire de véritables économies qui, avec un peu d'entraînement, deviendront des automatismes.

REVOIR SON ORGANISATION

Revoir l'organisation de vos courses est la première étape pour identifier vos besoins et dégrossir vos achats en ne gardant que le nécessaire. C'est un peu le passage obligé pour économiser sur votre panier, et voici comment vous pouvez le mettre en place :

1. Notez les menus des jours à venir de manière détaillée ;
2. Rédigez, à partir de ces menus, une liste de courses précise, identifiant produits et quantités ;
3. Tenez-vous-en strictement à cette liste, en évitant les achats dits « d'impulsion » ;
4. Suite à vos courses, notez les produits qui s'avèrent non essentiels pour les supprimer de vos prochains paniers ;
5. Au bout de quelques semaines avec cette organisation, établissez un budget alloué aux courses alimentaires, hebdomadaire ou mensuel.

CHOISIR SES COMMERÇANTS

Tous les magasins ne pratiquent pas les mêmes prix ; cela dépend de leur localisation, de l'enseigne, etc. Pour un même produit, la différence peut parfois être très importante et il convient de se renseigner sur les commerces avant de choisir d'y faire ses courses.

Pour ce qui est des supermarchés, nous ne pouvons que vous conseiller de faire appel à un comparateur en ligne et de comparer les prix au kilo de vos produits préférés. Une fois que vous aurez identifié le magasin qui répond le mieux à vos besoins, l'idéal est d'y faire vos courses régulièrement. Cela vous permettra de souscrire une carte de fidélité et de bénéficier de réductions et d'offres. Certaines enseignes peuvent même vous proposer des réductions liées à votre situation personnelle (famille nombreuse, petit budget, jeunes parents, etc.). Renseignez-vous, ça vaut le coup !

Pour ce qui concerne les autres commerces de bouche comme les boulangeries, les boucheries, les cavistes et autres, la fidélité est toujours une bonne idée.

Autre petite astuce qui vous fera gagner du temps et de l'argent : adhérer à une AMAp. qui propose des paniers de fruits et de légumes de saison chaque semaine ou chaque mois. Un geste économique et écologique !

Faire ses courses en ligne

Aujourd'hui, de plus en plus de gens se tournent vers les sites internet des grandes surfaces pour faire leurs courses en ligne. C'est une bonne façon de respecter scrupuleusement sa liste et d'échapper à la tentation des achats d'impulsion qui font monter la note.

SÉLECTIONNER SES PRODUITS

Le choix des produits que vous achetez est très important et joue sur le prix final que vous allez débourser. La marque, le conditionnement, la nature même d'un produit engendre des variations de prix non négligeables. Au moment de faire votre sélection, si vous avez un budget plutôt limité, souvenez-vous des informations et conseils suivants :

- Les protéines végétales sont toujours moins chères que les protéines animales ;
- Si vous êtes flexitarien mais que votre bourse est plutôt serrée, vous pouvez acheter de la viande en quantité plus limitée, sans lésiner sur la qualité. Les poissons peuvent, eux, s'acheter surgelés ;
- Privilégiez le vrac, notamment pour les fruits, les légumes et les graines. Attention toutefois à bien regarder les prix au kilo dans le détail ;
- Pour les fruits, légumes et herbes aromatiques, vous pouvez opter pour des produits surgelés ou en conserve non transformés. Cela revient moins cher que le frais, notamment lorsque vous devez acheter des quantités importantes. Cela permet aussi d'éviter le gaspillage ;
- Lorsque c'est possible, privilégiez les éco-recharges et conditionnez-les chez vous dans des bocaux. Le café ou le chocolat en poudre par exemple s'y prêtent bien. Votre produit vous reviendra moins cher et son impact sur la planète sera moins important ;
- Évitez d'acheter des plats cuisinés, ils reviendront toujours plus chers que de mitonner vos petits plats maison.

TRAQUER LES INVENDUS

De plus en plus de supermarchés proposent un rayon d'invendus, avec des produits à la DLC très courte vendus moins chers. On peut y faire de bonnes affaires, à condition d'être sûr de pouvoir consommer ces produits à temps, sinon c'est contre-productif.

Nombreux sont les commerces de bouche, comme les boulangeries par exemple, qui proposent chaque jour des « paniers anti-gaspi », avec les invendus de la journée risquant de terminer à la poubelle. Il existe des applications mobiles, comme *Too Good To Go*, qui permettent d'identifier facilement les commerces (et certains restaurants) qui proposent des paniers d'invendus à des prix très compétitifs.

Traquer les invendus suppose cependant une certaine souplesse, car vous ne pouvez pas choisir les produits, ou alors parmi une sélection limitée, mais cela permet de réaliser de très belles économies. De plus, ce geste est bénéfique pour la planète, ce qui n'est pas négligeable.

Attention aux promos

Traquer la promo peut être une bonne façon de réduire le montant sur son ticket de caisse, mais faites attention toutefois à ne pas vous faire avoir. Certaines promotions paraissent alléchantes mais sont en fait désavantageuses si vous y regardez de plus près.

CUISINER PETIT BUDGET, GOURMAND ET ÉQUILIBRÉ

Contrairement aux idées reçues, la cuisine petit budget n'est pas de moindre qualité, tant sur le plan gustatif que nutritionnel. Par exemple, il est faux de penser que l'apport en protéines n'est optimal qu'en consommant de la viande rouge, un produit cher et inaccessible à certaines bourses. De nombreux aliments plus abordables sont tout aussi riches en protéines, animales ou végétales. Il est donc tout à fait possible de conserver une alimentation équilibrée, nourrissante et gourmande sans y mettre toutes ses économies. Pour vous aider dans le choix de vos menus, voici une petite liste de produits peu onéreux accompagnés d'idées recettes qui ne vous coûteront pas les yeux de la tête.

FRUITS ET LÉGUMES

Banane

Exemples de recettes : Muffins chocolat-banane, p. 116 ; Banana bread , p. 226.

Autres idées : nice cream bowl, compote, smoothie, cake banane-caramel, etc.

Carotte

Exemples de recettes : Jardinière de légumes, p. 62 ; Galettes de quinoa aux carottes, p. 84 ; Crème de carotte, p. 100.

Autres idées : carottes râpées au citron, carottes rôties, poêlée de légumes, jus, etc.

Maïs

Exemple de recette : Salade de maïs, p. 80.

Autres idées : galettes de maïs, maïs grillé, etc.

Orange

Exemple de recette : Cake à l'orange, p. 218.

Autres idées : salade d'orange, jus, moelleux à l'orange, etc.

Patate douce

Exemple de recette : Purée de patate douce au jambon, p. 42.

Autres idées : soupe, gratin, frites, gnocchi, patates douces rôties.

Poireau

Exemples de recettes : Feuilletés de poireaux, p. 90 ; Risotto au poireau, p. 146 ; Soupe détox aux légumes d'hiver, p. 188.

Autres idées : fondue de poireau aux lardons, gratin, quiche, poireaux vinaigrette, etc.

Pomme

Exemples de recettes : Compote de pomme, p. 122 ; Crumble pomme-poire, p. 224.

Autres idées : tarte, pommes rôties, salade d'endives aux pommes, rôti de porc au cidre et aux pommes, etc.

Pomme de terre

Exemples de recettes : Gnocchi, p. 41 ; Potatoes, p. 48 ; Fish and chips, p. 153 ; Salade de pommes de terre au thon, p. 89, Gratin de pommes de terre, p. 208.

Autres idées : pommes de terre sautées, purée, soupe, tortilla.

Tomate

Exemples de recettes : Pâtes aux tomates et à la feta rôties, p. 106 ; Bruschettas tomate-mozzarella, p. 108 ; Gaspacho andalou, p. 112 ; Tarte à la tomate, p. 212.

Autres idées : salade, tomates à la provençale, tomates farcies au riz, etc.

CÉRÉALES ET LÉGUMINEUSES

Haricots divers

Exemples de recettes : Salade de haricots verts au thon, p. 94 ; Chili sin carne, p. 142 ; Veggie burgers au steak de haricot noir, p. 154 ; Haricots blancs à la tomate, p. 206.

Autres idées : haricots verts sautés à l'ail, haricots rouges à la créole, dorayakis, etc.

Lentilles

Exemples de recettes : Houmous de lentilles corail, p. 84 ; Salade de lentilles à la truite fumée, p. 96 ; Spaghetti à la bolognaise de lentilles, p. 160.

Autres idées : dahl de lentilles corail, curry de lentille.

Pâtes

Exemples de recettes : Mac & cheese gratiné, p. 44 ; Salade de pâtes, p. 92 ; Pâtes au citron et au parmesan, p. 210.

Autres idées : gratin de pâtes, lasagnes aux légumes et à la ricotta, rigatoni cacio e peppe, etc.

Pois cassé

Exemples de recettes : Soupe de pois cassés, p. 138.

Autres idées : purée, curry de pois cassés, dahl, falafel, etc.

Polenta

Exemples de recettes : Polenta crémeuse et ratatouille, p. 195.

Autres idées : croquettes de polenta au fromage, gâteau de polenta, etc.

Riz

Exemples de recettes : Riz sauté aux légumes, p. 192 ; Riz au lait, p. 72 ; Riz froid d'été, p. 103 ; Risotto au poireau p. 146 et Risotto aux petits pois, p. 158.

Autres idées : riz cantonais, jambalaya, poké bowl végétarien, gâteau de riz, etc.

Semoule

Exemples de recettes : Salade de semoule, p. 115.

Autres idées : couscous, taboulé oriental, gâteau de semoule, crêpes mille trous, etc.

PROTÉINES ANIMALES

Jambon

Exemples de recettes : Croquettes au jambon et au comté, p. 30 ; Croissant sandwich, p. 190 ; Omelette roulée, p. 200.

Autres idées : endives au jambon, gratin de coquillettes au jambon, roulés au jambon, etc.

Œuf

Exemples de recettes : Œufs cocotte aux champignons, p. 34 ; Chakchouka, p. 164, Œufs mimosa, p. 182 ; Omelette roulée, p. 200, Œufs au lait, p. 220.

Autres idées : œufs brouillés aux herbes, œufs en nid de pain, brick à l'œuf, île flottante, etc.

Poisson (maquereau, sardine, thon)

Exemples de recettes : Avocats farcis au thon, p. 36 ; Tartines aux sardines, p. 80 ; Maquereaux marinés façon escabèche, p. 186.

Autres idées : tarte au thon, beignets de sardines, croque provençal à la sardine, etc.

Viande blanche

Exemples de recettes : Cordons bleus, p. 56 ; Ailes de poulet au citron, p. 61 ; Wraps tex mex au poulet, p. 78 ; Couronne feuilletée, p. 128.

Autres idées : rôti de porc, blanc de dinde à la moutarde, osso bucco de dinde, etc.

Yaourt

Exemples de recettes : Tzatziki, p. 22 ; Sauce au fromage blanc, p. 104 ; Gâteau au yaourt, p. 223.

Autres idées : yaourts maison, labné, smoothie, concombre au yaourt, etc.

RECETTES DE BASE POUR TWISTER LE QUOTIDIEN

La magie de la cuisine, c'est qu'il suffit parfois de quelques ingrédients simples pour twister une recette. Voici des idées de sauces ou de pâtes maison qui vous permettront de pimper le quotidien de votre palais sans peine, et sans vous ruiner.

LES SAUCES

Béchamel

30 g de beurre
30 g de farine
25 cl de lait froid
Noix de muscade
Sel, poivre

Faites fondre le beurre à feu doux. Ajoutez la farine et mélangez à feu moyen. Hors du feu, ajoutez progressivement le lait tout en fouettant. Quand les premiers bouillons arrivent, laissez cuire 1 min en fouettant, puis retirez du feu. Salez, poivrez et ajoutez de la noix de muscade. Utilisez immédiatement ou laissez refroidir avant d'entreposer au réfrigérateur.

Mayonnaise

1 jaune d'œuf
1 c. à s. de moutarde
10 cl d'huile de tournesol
Sel, poivre

Fouettez le jaune d'œuf avec la moutarde et une pincée de sel. Versez l'huile en filet sans cesser de fouetter. Quand votre mayonnaise a pris, assaisonnez-la à votre convenance. Conservez au frais.

Mayonnaise d'avocat

1 avocat bien mûr
4 c. à s. d'huile d'olive
Le jus de ½ citron jaune
2 pincées de piment de Cayenne
1 c. à c. de moutarde de Dijon
Sel, poivre

Dans un bol, écrasez la chair d'avocat, puis ajoutez le reste des ingrédients. Mélangez bien et conservez au frais.

Sauce tartare

1 jaune d'œuf
1 c. à s. de moutarde à l'ancienne
25 cl d'huile de tournesol
1 c. à c. de vinaigre
1 échalote pelée et émincée
20 g de câpres hachées
20 g de cornichons hachés
Ciboulette, cerfeuil, estragon
Sel, poivre

Fouettez le jaune d'œuf avec la moutarde. Versez l'huile en filet sans cesser de fouetter. Ajoutez le vinaigre, salez et poivrez. Ajoutez l'échalote, les câpres, les cornichons et les herbes et mélangez. Conservez au frais.

Vinaigrette au paprika

4 c. à s. d'huile d'olive
Le jus de ½ citron
1 c. à s. de paprika
1 échalote pelée et émincée
1 gousse d'ail pelée et émincée
Sel, poivre

Dans un bol, mélangez vivement tous les ingrédients. Conservez au réfrigérateur.

Vinaigrette au miel

3 c. à s. d'huile d'olive
1 c. à s. de vinaigre balsamique
½ c. à c. de miel
½ c. à c. de moutarde
Sel, poivre

Dans un bol, mélangez vivement tous les ingrédients. Conservez au réfrigérateur.

Vinaigrette au citron

Le jus de 1 citron
7 c. à s. d'huile d'olive
2 c. à s. de vinaigre de cidre
1 c. à c. de miel
Sel, poivre

Dans un bol, mélangez vivement tous les ingrédients. Conservez au réfrigérateur.

LES PÂTES

Pâte à pizza

4 g de levure boulangère sèche
1 c. à s. de sucre
12 g d'huile d'olive
270 g de farine T00 spéciale pizza
½ c. à c. de sel
20 cl d'eau tiède

Dans un saladier, mettez la levure et le sucre, puis recouvrez d'eau tiède et mélangez à l'aide d'une cuillère en bois. Laissez reposer 10 min à couvert. Lorsque le mélange commence à buller, ajoutez l'huile d'olive, la farine et le sel. Pétrissez à la main jusqu'à ce que la pâte se détache des parois du saladier. Couvrez avec un torchon et laissez lever 1 h à 1 h 30 dans un endroit assez chaud. Lorsque la pâte à doublé de volume, dégazez-la et disposez-la sur un plan de travail fariné. Étalez-la de l'intérieur vers l'extérieur, afin de lui donner sa forme ronde.

Pâte brisée

200 g de farine de blé T65
½ c. à c. de sel
80 à 90 g de beurre mou en morceaux
7 à 8 cl d'eau

Mélangez la farine avec le sel. Incorporez le beurre en malaxant à la main. Versez l'eau froide petit à petit, et mélangez à l'aide d'une cuillère en bois puis avec les mains, jusqu'à obtenir une boule homogène. Filmez la pâte et conservez-la au réfrigérateur jusqu'à utilisation, ou congelez-la.

Sortez la pâte du réfrigérateur 30 à 45 min avant utilisation.

Pâte sablée

250 g de farine tamisée
1 pincée de sel
125 g de beurre salé froid en cubes
1 jaune d'œuf
80 g de sucre roux
3 c. à s. d'eau glacée

Mettez la farine et le sel sur le plan de travail, puis ajoutez le beurre et mélangez du bout des doigts afin d'obtenir un mélange sablé.
Au centre du mélange, creusez un petit puits et mettez-y le jaune d'œuf, le sucre et l'eau glacée. Mélangez à la main jusqu'à l'obtention d'une boule homogène. Filmez-la, puis faites-la reposer au moins 2 h au réfrigérateur.

PRATIQUER LA CUISINE ZÉRO DÉCHET

LUTTER CONTRE LE GASPILLAGE ALIMENTAIRE

On considère aujourd'hui qu'environ un tiers de la production alimentaire mondiale finit à la poubelle : un désastre pour la planète, et pour le porte-monnaie. Ainsi, pour lutter contre le gaspillage alimentaire, mais aussi pour faire des économies, il convient d'adopter une démarche dite « zéro déchet » qui consiste, comme son nom l'indique, à ne plus rien jeter. Il suffit pour cela de prendre conscience de sa consommation et d'adapter son organisation, car le gaspillage est souvent la conséquence d'une mauvaise anticipation des quantités et/ou d'une mauvaise gestion des denrées. Voici donc quelques conseils et astuces pour prendre de bonnes habitudes.

Point sur le gaspillage alimentaire

D'après le Ministère de la Transition écologique, le gaspillage alimentaire en France s'élève actuellement à 30 kg par personne et par an. Un chiffre auquel s'ajoutent les pertes générées en restauration collective ou commerciale.

L'optimisation des achats

La première manière de lutter contre le gaspillage est de ne pas acheter plus que le nécessaire. Pour ce faire, voici quelques principes faciles à mettre en place.

- **Réfléchir à ses menus** : dans la mesure du possible, le mieux est de pouvoir déterminer vos repas en avance. Cela vous permet ensuite de rédiger une liste de courses précise.
- **Établir une liste de courses et s'y tenir** : la liste est la meilleure alliée de l'optimisation des courses. Elle vous permet de savoir précisément ce dont vous avez besoin, ce qui vous évite d'acheter des produits que vous n'aurez finalement pas le temps de consommer. Bien sûr, cette liste n'a d'intérêt que si l'on s'y tient.

Conseil : quand vous établissez votre liste de courses, vérifiez bien que vous ne faites pas de doublon.

- **Éviter d'aller faire les courses le ventre vide** : ce n'est un secret pour personne, faire ses courses lorsque l'on a le ventre vide est une très mauvaise idée. La faim a tendance à altérer notre jugement et à nous faire ajouter dans le panier des produits dont on n'a pas réellement besoin. Alors bien sûr, le plaisir n'est pas à proscrire, mais attention à l'achat compulsif.
- **Privilégier des commerces connus** : si l'on fait ses courses dans un commerce dont on connaît l'organisation, il est plus facile d'aller droit au but et d'éviter la tentation. Flâner dans les rayons est le meilleur moyen de créer l'envie et de s'éparpiller.
- **Privilégier le vrac** : les articles proposés en lot sont souvent une fausse bonne idée. En effet, il est rare d'y trouver la quantité exacte du produit dont nous avons besoin. Pour les légumes et les fruits, le vrac est assez simple. Pour les produits conditionnés, essayez d'acheter les packs correspondant à vos besoins à court terme.

- **Faire attention à la date de péremption** : il est essentiel de regarder la date de péremption d'un produit avant de l'acheter afin de ne pas être pris de court. Attention toutefois à ne pas tomber dans l'excès inverse : si vous avez besoin d'un produit à consommer le jour même, choisissez en priorité celui qui arrive à expiration rapidement et non celui qui a la DLC la plus lointaine, sinon il risque d'être jeté.
- **Se connaître en tant que consommateur** : identifier votre profil de consommateur est important pour adapter vos courses en conséquence.

La conservation des produits

Bien conserver ses aliments permet de les faire perdurer plus longtemps et donc, logiquement, de ne pas les gâcher. L'endroit où entreposer son produit pour le conserver le de manière optimale dépend bien entendu de son type, de sa DLC et de son état.

Le réfrigérateur

Les restes de plats déjà cuisinés sont toujours à mettre au réfrigérateur (ou au congélateur si vous n'avez pas prévu de les manger rapidement). Mais lorsqu'il s'agit des produits bruts, il n'est pas toujours évident de savoir ce qu'on doit garder au réfrigérateur ou en dehors. Voici un petit guide simple :

Sont à mettre au réfrigérateur :

- Les viandes et les poissons ;
- Le beurre et les produits laitiers ;
- Les boissons (lait, jus d'orange, eau, etc.) ;
- Les œufs (si on souhaite les conserver longtemps) ;
- Les légumes fragiles tels que les haricots, les betteraves, les carottes, le céleri, etc. ;
- Les fruits fragiles tels que les cerises, les raisins, les fraises, etc.

Sont à ne pas mettre au réfrigérateur :

- La plupart des fruits : pommes, oranges, abricots, kiwis, melons, pêches, poires, ananas, bananes, pastèques, etc. Il faut les mettre au frais lorsqu'ils arrivent à maturité ;
- Les légumes non fragiles tels que les courges, les concombres, les courgettes, l'ail, les pommes de terre, etc. ;
- Les condiments ;
- Le pain ;
- Les denrées non périssables ;
- Les conserves.

Pour aller plus loin, il est bon de savoir qu'un réfrigérateur est constitué de plusieurs niveaux qui ne sont pas à la même température. Chaque zone a une fonction particulière et a été pensée pour optimiser la conservation des aliments. L'idéal est donc de respecter l'organisation suivante :

La zone froide

Il s'agit de la zone du haut du réfrigérateur. Elle est généralement à une température comprise entre 0 et 4 °C et convient aux viandes et aux poissons crus, à la charcuterie, au fromage frais et aux produits laitiers entamés. C'est également dans cette zone que doivent être entreposés les produits en cours de décongélation.

La zone fraîche

D'une température de 4 à 6 °C, elle se situe dans la moitié inférieure du réfrigérateur et est idéale pour les fromages à pâte dure, les yaourts, la crème fraîche.

Le bac à légumes

Le bac à légumes est à plus de 6 °C environ. Il convient d'y laisser, comme son nom l'indique, les légumes et les fruits frais.

La porte

La porte est prévue pour y mettre les boissons, les condiments, le beurre et les œufs. Sa température est comprise entre 6 et 8 °C.

Le congélateur

Quasiment tous les aliments peuvent être mis à congeler. La congélation est d'ailleurs la meilleure option si vos produits sont fragiles et/ou que vous ne prévoyez pas de les consommer rapidement. Là encore, il y a toutefois quelques règles de base à respecter.

- Assurez-vous que votre congélateur est bien adapté à la congélation de produits frais, car certains congélateurs permettent seulement de conserver des produits surgelés.
- Lavez-vous soigneusement les mains avant de mettre un produit au congélateur. Pensez également à laver les fruits et les légumes avant de les mettre à congeler (vous pouvez aussi les couper préalablement en fonction de l'utilisation que vous souhaitez en faire).
- Faites attention aux produits que vous mettez à congeler, en veillant notamment à :
    - Ne jamais remettre à congeler des produits ayant déjà été congelés une fois ou contenant des produits déjà congelés (au moment de l'achat d'un produit surgelé, il faut donc toujours penser à prendre un sac isotherme pour faire le trajet du magasin jusqu'au congélateur) ;
    - Ne jamais mettre au congélateur des produits dont la DLC est très proche ou dépassée, car la congélation a besoin de 24 heures pour prendre pleinement ;
    - Ne mettre à congeler que des produits déjà froids ;
- Si le produit n'est pas déjà sous emballage, mettez-le dans un contenant adapté en laissant toujours au moins 1 cm d'espace vide dans les boîtes car en congelant, les ingrédients gagnent en volume. Fermez ensuite le contenant de façon étanche et hermétique pour éviter une perte d'humidité. Dans l'idéal, notez le nom du produit et la date de congélation sur le contenant.
- Lorsque vous souhaitez décongeler un aliment, entreposez-le quelques heures dans la partie haute de votre réfrigérateur. Ne le faites pas décongeler à l'air libre ou près d'une source de chaleur. Attention, une fois décongelé, un aliment doit être consommé sous 24 heures.

Rien ne se perd, tout se transforme

En cuisine, partez du principe que rien ne doit se perdre et que tout peut se transformer.

Ainsi, ne jetez pas vos restes, ni les ingrédients qui pourraient vous rester à la fin de la préparation d'une recette, ni même certaines parures ; allez plutôt consulter nos idées pour les réutiliser dans d'autres recettes (voir les Recettes anti-gaspi p. 16).

Ne jetez pas non plus les produits qui vous paraissent un peu fatigués : il y a toujours des solutions pour les sauver ! Dans cet ouvrage, un grand nombre de recettes sont d'ailleurs réalisables avec des produits abîmés ou en fin de vie (comme la Soupe détox aux légumes d'hiver p. 188 par exemple), voire ont été pensées spécialement pour ça, comme le Croissant sandwich (p. 190) ou le Bread and butter pudding (p. 215).

Enfin, si certains ingrédients sont plus difficiles à réutiliser en cuisine, sachez qu'il est également possible de les employer dans des produits ménagers maison, ou dans des recettes de cosmétiques. Vous pouvez par exemple :

- Garder les écorces de vos agrumes, les mélanger à du vinaigre blanc et en faire un produit désinfectant ;
- Conserver le marc de café, le faire sécher et l'utiliser en gommage pour la peau ;
- Faire tremper la peau de vos bananes dans de l'eau puis utiliser cette dernière comme fertilisant pour vos plantes en pots ;
- Mélanger la chair d'un avocat et d'une banane vieillissants pour en faire un masque pour le visage.

NOS RECETTES ANTI-GASPI

Il n'est pas rare d'avoir, à la fin d'un repas ou même de la préparation d'une recette, quelques restes - cuisinés ou non - sur les bras. Si certains se conservent et/ou se réutilisent facilement (pensez à votre lunchbox du lendemain !), pour d'autres, c'est parfois plus compliqué. Voici quelques idées - cette liste n'est pas exhaustive - qui vous aideront à lutter contre le gaspillage alimentaire et qui vous permettront, en prime, de vous régaler à moindre coût. Alors, que faire avec… ?

Des chutes de pâte feuilletée

Les chutes de pâte feuilletée peuvent être utilisées pour réaliser des éléments décoratifs sur une tourte ou des feuilletés. Si votre recette ne s'y prête pas, ou si vos chutes sont trop conséquentes, voici ce que vous pouvez en faire.

Des palmiers

Les chutes de pâte feuilletée
Un peu de sucre vanillé

Rassemblez les chutes de pâte en une boule et laissez-la reposer 30 min. Préchauffez le four à 180 °C. Abaissez la pâte en un rectangle, saupoudrez de sucre vanillé et roulez les bords sur eux-mêmes en les ramenant vers le centre. À l'aide d'un couteau bien aiguisé, coupez la pâte en tranches de 3 ou 4 mm d'épaisseur et déposez-les à plat sur une plaque recouverte de papier cuisson. Enfournez 12 à 15 min.

Des roulés aux saucisses

Les chutes de pâte feuilletée
Des saucisses knacks

Préchauffez le four à 200 °C. Déposez vos chutes de pâte bien à plat sur le plan de travail. Coupez-les en lanières d'environ 3 cm d'épaisseur si besoin. Sinon, utilisez-les telles quelles en ajustant la taille des morceaux de saucisse. Coupez les knacks en tronçons et enroulez-les chacun dans une lanière de pâte. Déposez sur une plaque recouverte de papier cuisson et enfournez 15 min.

Des boules feuilletées à la mozzarella

Les chutes de pâte feuilletée
Des billes de mozzarella

Préchauffez le four à 200 °C. Déposez vos chutes de pâte bien à plat sur le plan de travail. Enveloppez chaque bille de mozzarella de pâte. Déposez sur une plaque recouverte de papier cuisson et enfournez 15 min.

Un reste de pain ou de brioche

Le pain, comme tous les produits de la même famille, a cet inconvénient de ne pas se conserver longtemps. Vous trouverez p. 215 la recette du Bread and butter pudding, idéale pour réutiliser n'importe quel reste de pain ou de viennoiseries. Sinon, la brioche perdue (voir p. 216) ou le croissant sandwich (voir p. 190) sont également de bonnes options. S'il vous reste un morceau de pain un peu sec, le plus simple est encore de le transformer en croûtons.

Des croûtons à l'ail

Un reste de pain
1 filet d'huile d'olive
1 gousse d'ail

Préchauffez le four à 180 °C. Coupez le pain en fines tranches et, s'il s'agit d'un pain de campagne par exemple, détaillez-les en morceaux, à la taille souhaitée pour vos croûtons. Badigeonnez-les d'un peu d'huile d'olive, puis toastez-les au four 10 min.
À la sortie du four, frottez-les d'ail.

Un reste de blancs d'œufs

Certaines préparations se font uniquement avec le jaune des œufs. Dans pareil cas, que faire du blanc restant ? Surtout ne le jetez pas ! Essayez plutôt ces quelques recettes simples et rapides.

Des langues de chat

1 blanc d'œuf
30 g de beurre mou
30 g de sucre
1 sachet de sucre vanillé
30 g de farine

Préchauffez le four à 190 °C. Mélangez le beurre avec le sucre, puis ajoutez le sucre vanillé, la farine et, enfin, le blanc d'œuf. Disposez des petits tas de pâte en forme de langue sur une plaque recouverte de papier cuisson et faites cuire 7 min.

Des financiers

6 blancs d'œufs
225 g de sucre
90 g de farine
120 g de poudre d'amande
150 g de beurre

Préchauffez le four à 200 °C. Fouettez les blancs d'œufs avec le sucre, la farine et la poudre d'amande. Faites fondre le beurre au micro-ondes, puis incorporez-le dans la préparation. Versez cette dernière dans les empreintes beurrées d'un moule à financiers et faites cuire 20 min.

Un reste de jaunes d'œufs

Un reste de jaune d'œuf vous permet de réaliser une panure ou bien de préparer une mayonnaise ou l'une de ses variantes, comme la sauce tartare (voir les recettes de base p. 10). Sinon, vous pouvez aussi vous lancer dans la préparation d'une sauce hollandaise, à servir avec des œufs ou des asperges.

Une sauce hollandaise

4 jaunes d'œufs
Le jus de ½ citron
180 g de beurre
Fines herbes

Fouettez les jaunes d'œufs au-dessus d'un bain-marie. Retirez du feu, puis ajoutez le beurre fondu, et enfin le jus de citron. Mélangez. Ajoutez les fines herbes ciselées.

Un reste de riz

Le riz fait partie des ingrédients difficiles à doser correctement, et il est très courant de se retrouver avec un trop-plein de riz cuit. La solution la plus simple est d'en faire une salade, comme notre Riz froid d'été (voir p. 103). Mais si le cœur vous en dit, vous pouvez aussi vous lancer dans la confection de sushis.

Des sushis

Le reste de votre riz déjà cuit
5 c. à s. de vinaigre de riz
La garniture de votre choix (truite, concombre, fromage frais)

Versez le vinaigre dans le riz et mélangez. Humidifiez vos mains et formez des cylindres avec des tas de riz vinaigré. Ajoutez les éléments de garniture de votre choix à l'intérieur et/ou à l'extérieur des sushis.

Un reste de risotto

S'il vous reste du risotto que vous ne souhaitez pas remanger tel quel, faites-en des arancini ! La recette est très simple et vous pouvez la personnaliser en ajoutant les ingrédients de votre choix (mozzarella, champignons, viande, petits pois, etc.). Voici le procédé de base.

Des arancini

Le reste de votre risotto (pour env. 500 g)
3 c. à s. de farine
3 c. à s. de chapelure
1 œuf battu

Mettez la farine, la chapelure et l'œuf battu dans 3 contenants distincts. Humidifiez vos mains, puis façonnez des boules avec le reste de risotto froid et garnissez-les éventuellement de l'ingrédient de votre choix. Lorsque les boules sont façonnées, passez-les une à une dans la farine, puis dans l'œuf battu et, enfin, dans la chapelure. Faites chauffer de l'huile neutre dans une grande casserole, puis faites frire les arancini jusqu'à ce qu'ils soient bien dorés. Laissez-les quelques minutes sur du papier absorbant.

Un reste de pâtes

Les pâtes, c'est un peu comme le riz : pas toujours facile à doser. S'il vous en reste des déjà cuites, mais non mélangées à une autre préparation, vous pouvez en faire de multiples usages, en fonction du type desdites pâtes : les préparer avec une autre sauce (n'hésitez pas à piocher parmi toutes les recettes de ce livre en consultant l'index p. 236), les déguster froides dans une salade fraîche (voir p. 61 ou p. 92), ou bien en faire un gratin régressif et réconfortant.

Un gratin de pâtes

Un reste de pâtes (courtes) déjà cuites d'env. 400 g
10 cl de crème
100 g de fromage râpé
30 g de beurre
Sel, poivre

Préchauffez le four à 200 °C. Portez la crème à ébullition dans une casserole, salez, poivrez. Mettez les pâtes dans un plat à gratin. Versez la crème dessus, puis parsemez de fromage râpé, et enfin de copeaux de beurre. Enfournez pour 20 min et servez bien chaud. Vous pouvez bien entendu pimper ce gratin avec ce que vous voulez (ou ce que vous avez comme restes) : des lardons, de la mozzarella, une gousse d'ail, un oignon, etc.

Un reste de pommes de terre

Vous en avez certainement déjà fait l'expérience : après une raclette, il reste souvent des pommes de terre déjà cuites. Pour ne pas les perdre, une multitude de solutions s'offrent à vous : les cuisiner en salade (comme celle p. 89), en faire des gnocchi (retrouvez la recette p. 41) ou plus simplement les réduire en purée.

Une purée

Les restes de pommes de terre déjà cuites
Un peu de lait
Noix de muscade
Sel, poivre
Une noix de beurre

Faites chauffer le lait dans une casserole et assaisonnez avec du sel, du poivre et de la noix de muscade. Pelez vos pommes de terre si elles ne le sont pas déjà, puis faites-les chauffer au micro-ondes. Écrasez-les à l'aide d'une fourchette ou d'un presse-purée en versant le lait dessus. Ajustez la quantité de lait à la quantité de pommes de terre et à la texture souhaitée. Au moment de déguster, ajoutez une noix de beurre de vérifiez l'assaisonnement.

Des épluchures de pommes de terre

Tout se mange dans la patate ! Certaines recettes vous demanderont toutefois de retirer la peau, comme le gratin de pommes de terre (voir p. 208) ou les frites (voir p. 153). Dans ce cas, vous pouvez les garder pour les transformer en de succulentes chips pour l'apéro, par exemple.

Des chips

Les épluchures de pommes de terre
1 filet d'huile d'olive
Sel
Épices de votre choix

Préchauffez le four à 210 °C. Déposez vos épluchures dans un saladier, arrosez-les d'huile d'olive et ajoutez une bonne pincée de sel. Assaisonnez éventuellement avec les épices de votre choix, puis mélangez délicatement et déposez les épluchures sur une plaque recouverte de papier cuisson. Enfournez pour 15 à 20 min.

Une carcasse de poulet

Le fameux poulet du dimanche midi vous laisse avec une carcasse entière qu'il serait dommage de ne pas utiliser. Si vous avez un peu de temps devant vous, vous pouvez vous lancer dans la préparation d'un bouillon de volaille maison à utiliser lors de vos prochaines recettes.

Un bouillon de volaille

La carcasse du poulet
2 gousses d'ail
1 oignon
2 carottes
1 bouquet garni
Sel, poivre

Pelez l'ail et l'oignon, puis émincez-les. Lavez les carottes, pelez-les et coupez-les en rondelles. Faites revenir la carcasse du poulet dans une cocotte avec l'ail, l'oignon et un peu de beurre pendant 5 min. Ajoutez les carottes et le bouquet garni, puis mouillez à hauteur et portez à ébullition. Laissez mijoter 2 h à feu doux. À l'issue de la cuisson, salez, poivrez et laissez reposer au moins 1 h dans la cocotte à couvert.

Chapitre 1
en famille

RECETTE VEGGIE

POUR
1 GROS BOL
PRÉPARATION
20 MIN
REPOS
20 MIN

1 concombre
1 gousse d'ail
1 yaourt de brebis ou 1 yaourt grec
1 bouquet de menthe
4 c. à s. d'huile d'olive
Sel, poivre

Tzatziki

Tout le monde connaît le tzatziki. Malheureusement, la plupart du temps, on se contente de la version industrielle. Quand vous aurez testé cette recette maison, bien meilleure et bien plus économique, vous ne reviendrez plus au pot en plastique du rayon frais.

1 Épluchez le concombre, videz-le de ses grains et râpez-le. Déposez-le dans une passoire et pressez-le bien pour en extraire le plus d'eau possible, puis réservez dans un bol. Pelez et râpez l'ail, ajoutez-le au concombre.

2 Versez le yaourt dans le bol et mélangez.

3 Lavez la menthe, puis ciselez-la finement. Ajoutez la menthe, l'huile d'olive, le sel et le poivre dans le bol et mélangez bien de nouveau.

4 Réservez le tzatziki au frais pendant au moins 20 min avant de le servir. Servez avec quelques crudités et du pain pita, pour un apéritif convivial à la grecque.

RECETTE VEGGIE

POUR **4 PERSONNES**	8 Babybel®
PRÉPARATION **10 MIN**	100 g de farine
CUISSON **2 MIN**	100 g de jaunes d'œufs
	100 g de chapelure

Croquettes de Babybel®

Ces croquettes, faciles et rapides à préparer, plaisent généralement aux petits comme aux grands et sont parfaites pour un apéritif en famille.

1 Prenez 3 assiettes et versez la farine dans la première, les jaunes d'œufs battus dans la deuxième et la chapelure dans la dernière. Roulez les Babybel® dans la farine, puis dans les jaunes d'œufs, et enfin dans la chapelure. Trempez-les une nouvelle fois dans les jaunes d'œufs puis dans la chapelure.

2 Faites cuire les croquettes dans une friteuse ou dans une casserole avec de l'huile portée à 190 °C, jusqu'à ce qu'elles soient bien dorées.

3 Servez avec de la sauce barbecue par exemple.

Astuce anti-gaspi

Ne jetez pas les blancs non utilisés des jaunes d'œufs. Retrouvez p. 17 des idées de recettes pour les recycler.

POUR
60 PETITES GOUGÈRES

PRÉPARATION
15 MIN

CUISSON
25 À 30 MIN

- 140 g de comté
- 150 g d'eau
- 100 g de lait demi-écrémé
- 100 g de beurre doux
- 5 g de sel
- 150 g de farine T45
- 4 gros œufs (environ 240 g) + 1 jaune pour la dorure
- 1 pincée de noix de muscade râpée (facultatif)
- 1 pincée de piment d'Espelette (facultatif)

Gougères au comté

1 Préchauffez le four à 160 °C en chaleur ventilée. Râpez le comté à l'aide d'une râpe à fromage et réservez-le.

2 Dans une casserole, faites chauffer l'eau, le lait, le sel et le beurre en morceaux. Lorsque le mélange bout, retirez du feu et ajoutez la farine en une seule fois. Mélangez énergiquement à l'aide d'une cuillère en bois jusqu'à ce que la pâte forme une boule un peu sèche. Remettez la casserole sur le feu quelques instants pendant que vous mélangez si besoin.

3 Débarrassez la pâte dans un saladier, puis ajoutez les œufs en quatre ou cinq fois, en mélangeant toujours avec la cuillère en bois. Dosez bien vers la fin de l'incorporation : la pâte doit être souple, ni trop sèche ni trop liquide. Ajoutez 100 g de comté râpé, la noix de muscade et le piment d'Espelette si vous le souhaitez, puis mélangez délicatement. Débarrassez la pâte obtenue dans une poche à douille.

4 Pochez des choux de 2 cm de diamètre sur une plaque anti-adhésive, en les espaçant. Dorez-les avec le jaune d'œuf battu. Parsemez du reste de comté râpé, puis enfournez 25 à 30 min.

Astuce anti-gaspi

Ne jetez pas le blanc du jaune d'œuf utilisé pour la dorure. Confectionnez plutôt des langues de chats (voir la recette p. 17).

POUR
4 PERSONNES
PRÉPARATION
15 MIN
CUISSON
15 MIN
REPOS
3 À 4 H

- 4 filets de cabillaud surgelés (300 g)
- 2 œufs
- 2 c. à s. de farine
- 2 c. à s. de mayonnaise maison (voir p. 10) ou du commerce
- 1 c. à s. d'ail en poudre
- 12 c. à s. de chapelure
- 4 c. à s. de parmesan râpé
- Huile de tournesol

Fish fingers

Le poisson pané est le plat régressif par excellence, celui qui fera le bonheur de vos enfants et qui vous rappellera sûrement quelques souvenirs au passage... Simple et économique, cette recette peut être préparée pour un dîner de semaine rapide, ou servie à l'apéritif.

1 Posez les filets de poisson sur une assiette, couvrez et laissez décongeler au réfrigérateur 3 à 4 h.

2 Préchauffez le four à 200 °C. Coupez chaque filet en trois pour obtenir 12 gros bâtonnets de poisson. Dans un grand bol, mélangez les œufs, la farine, la mayonnaise et l'ail en poudre. Plongez-y les bâtonnets et mélangez doucement afin de bien les enrober de ce mélange.

3 Versez la chapelure et le parmesan dans une assiette. Déposez les bâtonnets dedans et retournez-les plusieurs fois afin de les recouvrir uniformément. Déposez-les sur une plaque recouverte de papier cuisson légèrement huilé, et badigeonnez-les des 2 côtés d'un peu d'huile de tournesol. Enfournez pour 15 min en retournant les bâtonnets à mi-cuisson.

4 Laissez refroidir légèrement, puis servez avec une petite sauce maison de type crème fraîche, ciboulette et citron.

Astuce

Si vous n'avez pas de four, pas de panique, vous pouvez aussi faire cuire ces fish fingers à la poêle.

POUR
6 PERSONNES
PRÉPARATION
30 MIN
CUISSON
10 MIN
REPOS
2 H

Sauce béchamel (voir p. 10 en doublant les quantités des ingrédients)
80 g de jambon blanc
80 g de comté râpé
65 g de farine
2 œufs
100 g de chapelure de pain
1 l d'huile pour la friture

Croquettes au jambon et au comté

1 Préparez la sauce béchamel comme indiqué p. 10 en doublant cependant les quantités.

2 Hachez le jambon et mettez-le dans la béchamel. Ajoutez également le fromage râpé et mélangez.

3 Laissez la béchamel refroidir, puis roulez-la en boudins de 2 cm d'épaisseur avec un peu de farine dans du film plastique étirable. Mettez-les à congeler pendant 2 h.

4 Mettez les œufs dans un bol et battez-les à la fourchette. Mettez la chapelure dans une assiette creuse. Lorsque les boudins ont bien pris, retirez le film étirable et découpez-les en tronçons de 6 cm. Passez chaque croquette dans les œufs battus, puis dans la chapelure.

5 Faites frire les croquettes dans un bain d'huile et dégustez aussitôt.

POUR
6 PERSONNES

PRÉPARATION
40 MIN

CUISSON
35 MIN

Feuilletés saucisse

2 rouleaux de pâte feuilletée

8 saucisses de Strasbourg ou knacks

1 c. à s. de moutarde de Dijon

1 jaune d'œuf battu avec un peu d'eau

Rillettes de thon

2 boîtes de thon au naturel

1 c. à s. de moutarde de Dijon

1 pincée de curry

Le jus de ½ citron jaune

1 c. à s. de fromage frais

Pruneaux au lard et involtini

12 pruneaux d'Agen dénoyautés

12 tranches de poitrine fumée

12 tranches de jambon blanc (ou cru)

400 g de fromage frais

Pizzettes courgette-tomate

1 pâte à pizza maison (voir p. 11) ou du commerce

8 tomates

2 courgettes de taille moyenne

2 boules de mozzarella

100 g de parmesan râpé

2 c. à s. d'olives noires dénoyautées

Planche

2 bottes de radis

500 g de tomates cerises

400 g de crackers

Planche familiale

Feuilletés saucisse

1 Préchauffez le four à 180 °C. Étalez la pâte feuilletée, puis déposez-y les saucisses et badigeonnez-les de moutarde. Découpez la pâte de façon à pouvoir y enrouler les saucisses. Enroulez-les puis scellez la pâte en la pinçant. À l'aide d'un pinceau, badigeonnez les feuilletés de jaune d'œuf, puis coupez-les en trois. Disposez sur une plaque recouverte de papier cuisson et enfournez pour 12 à 15 min.

Rillettes de thon

2 Pendant ce temps, égouttez le thon et mélangez-le dans un bol avec la moutarde, le curry, le jus de citron et le fromage frais. Réservez au frais.

Astuce anti-gaspi

Avec les chutes de pâte feuilletée, faites des palmiers pour les enfants (voir la recette p. 16)

Pruneaux au lard et involtini

3 Enroulez chaque pruneau dans une tranche de poitrine et déposez le tout sur une planche recouverte de papier cuisson. Faites cuire 10 min à 180 °C.

4 Pendant ce temps, étalez les tranches de jambon sur une planche. Placez au centre un peu de fromage frais et poivrez si vous le souhaitez. Enroulez le jambon autour du fromage, coupez les rouleaux en deux et réservez au frais.

Pizzettes courgette-tomate

5 Montez le four à 250 °C. Retirez le pédoncule des tomates et incisez-les en croix à leur base. Plongez-les 1 min dans l'eau bouillante avant de les peler. Émincez-les finement. Retirez les extrémités des courgettes et émincez-les finement. Coupez la mozzarella égouttée en petits dés. Étalez la pâte à pizza, détaillez-la en petits disques et disposez-y les rondelles de courgette et de tomate. Salez, poivrez et parsemez d'olives, de mozzarella et de parmesan. Enfournez pour 10 min.

Planche

6 Rincez les radis et les tomates. Répartissez-les avec les diverses préparations sur votre planche, et servez pour un apéritif dînatoire.

POUR
4 PERSONNES

PRÉPARATION
20 MIN

CUISSON
40 MIN

Soupe

1 oignon
500 g de petits pois
1 cube de bouillon de légumes
4 portions de Vache qui rit®
Sel, poivre

Œufs cocotte

4 œufs
400 g de champignons de Paris
1 gousse d'ail
Quelques pluches de persil
50 cl de crème liquide
Quelques brins de ciboulette
Huile d'olive
Sel, poivre

Soupe de Maman, œufs cocotte aux champignons

Astuces anti-gaspi

Faites des croûtons à l'ail maison avec les restes d'une baguette de la veille (voir p. 16).
Si vous avez des tranches de pain de mie un peu vieilles, taillez-les en bâtonnets, toastez-les au four pendant 3 min à 180 °C, et vous obtiendrez de parfaites mouillettes.

Soupe

1 Pelez l'oignon, émincez-le et mettez-le dans une casserole avec les petits pois. Couvrez d'eau et ajoutez le cube de bouillon. Portez à ébullition et faites cuire 20 à 30 min. Mixez le tout. Salez, poivrez éventuellement, ajoutez la Vache qui rit®, puis mixez de nouveau. Réservez sur un coin du fourneau.

Œufs cocotte

2 Préchauffez le four à 200 °C. Retirez les pieds des champignons, nettoyez les têtes et émincez-les. Dans une sauteuse, faites-les revenir 5 min avec un filet d'huile d'olive.

3 Pelez l'ail, émincez-le, puis mettez-le dans la casserole. Ajoutez le persil et laissez cuire 2 min. Hors du feu, ajoutez la crème et la ciboulette. Mélangez et assaisonnez.

4 Répartissez dans 4 cocottes individuelles et cassez un œuf dans chacune d'elles. Déposez les cocottes dans un plat allant au four rempli à moitié d'eau et enfournez pour 10 min. Le blanc d'œuf doit être cuit et le jaune encore liquide.

5 Servez la soupe bien chaude avec des croûtons à l'ail, et les œufs cocotte avec des mouillettes.

POUR

4 PERSONNES

PRÉPARATION

15 MIN

4 petits avocats

1 pomme

1 petite échalote

2 boîtes de thon au naturel (poids net égoutté : 185 g)

1 citron

1 c. à c. bombée de moutarde

1 yaourt grec de 125 g

1 bouquet de ciboulette

Sel, poivre

Avocats farcis au thon

1 Lavez la pomme et coupez-la en quartiers. Retirez le cœur, coupez la moitié de la chair en tout petits dés et mangez le reste afin de ne pas le gâcher. Pelez l'échalote et ciselez-la finement.

2 Égouttez le thon et mettez-le dans un bol. Ajoutez les dés de pomme, l'échalote, 3 c. à s. de jus de citron et la moutarde. Salez, poivrez éventuellement et écrasez le thon à la fourchette. Ajoutez le yaourt et la ciboulette ciselée, mélangez bien.

3 Coupez les avocats en deux, retirez le noyau puis citronnez légèrement la chair. Remplissez les demi-avocats avec la préparation au thon.

4 Servez avec de la salade.

Variante

Pour une version veggie, les haricots rouges en boîte peuvent facilement remplacer le thon dans cette recette.

POUR
4 PERSONNES
PRÉPARATION
10 MIN
CUISSON
10 MIN

8 tranches de pain de mie complet
Sauce béchamel (voir p. 10)
100 g de comté râpé
30 g de roquette
100 g de chorizo en tranches
5 cl d'huile d'olive

Croque-monsieur
au comté et au chorizo

1 Tartinez les tranches de pain de béchamel. Ajoutez le comté, la roquette et les tranches de chorizo. Refermez les croques et tassez-les légèrement.

2 Faites chauffer l'huile d'olive dans une poêle et colorez vos croques à feu moyen 3 min sur chaque face.

POUR
6 PERSONNES

PRÉPARATION
30 MIN

CUISSON
10 MIN

6 pommes de terres déjà cuites (ou un reste de purée de pomme de terre)

200 g de farine

2 œufs

Sel, poivre (facultatif)

Gnocchi

S'il vous reste des pommes de terre déjà cuites ou de la purée maison et que vous ne savez qu'en faire, cette recette de gnocchi sera parfaite.

1 Farinez bien le plan de travail. Disposez la farine en un petit tas et passez les pommes de terre à la moulinette par-dessus. Creusez un puits au centre et cassez-y les œufs. Amalgamez les éléments en ramenant de la farine au centre régulièrement dès que la pâte commence à coller. Ajoutez de la farine si besoin, il est important que la pâte ne colle pas.

2 Lorsque cette dernière est homogène, faites-en un boudin, puis coupez des morceaux réguliers d'environ 1 cm. Farinez à nouveau le plan de travail et déposez-y les gnocchi. Avec une fourchette, appuyez délicatement dessus en les roulant. Réservez.

3 Faites bouillir 1 l d'eau dans une grande casserole. Pendant ce temps, beurrez un plat allant au four. Plongez les gnocchi 10 par 10 dans l'eau bouillante. Dès qu'ils remontent à la surface, sortez-les à l'aide d'une écumoire et déposez-les dans le plat. Entreposez dans un four à 50 °C jusqu'au moment de servir. Répétez l'opération autant de fois que nécessaire, jusqu'à épuisement des gnocchi. Assaisonnez-les et servez-les accompagnés de la sauce et du fromage râpé de votre choix.

Astuce petit budget

Vous pouvez bien sûr servir ces gnocchi avec de la sauce tomate, mais voici une autre option encore plus économique : concassez grossièrement 5 biscottes, faites-les revenir avec un peu de beurre et d'huile, puis ajoutez 1 c. à s. de crème fraîche.

POUR
4 PERSONNES
PRÉPARATION
15 MIN
CUISSON
15 MIN

- 600 g de patates douces
- 100 g de jambon blanc
- 10 cl de crème liquide
- Sel, poivre (facultatif)

Purée de patate douce au jambon

Cette petite variante de la traditionnelle purée-jambon est idéale pour les soirées d'hiver.

1 Épluchez les patates douces, puis détaillez-les en tranches les plus fines possible. Faites-les cuire à l'eau ou à la vapeur pendant 10 à 15 min. Vérifiez la cuisson avec la pointe d'un couteau : elle doit s'enfoncer facilement.

2 Hachez finement le jambon à l'aide d'un couteau.

3 Mélangez vigoureusement les patates douces en les écrasant un peu. Ajoutez progressivement la crème liquide, du sel et, éventuellement, du poivre. Quand la purée a la texture souhaitée, ajoutez le jambon et servez.

Variante

Pour les enfants, vous pouvez remplacer la crème liquide par du Kiri®.

POUR
4 PERSONNES

PRÉPARATION
15 MIN

CUISSON
30 MIN

Béchamel fromagère

30 g de beurre
30 g de farine
60 cl de lait froid
60 g de cheddar râpé
60 g de mimolette râpée
1 pincée de noix de muscade (facultatif)
Sel, poivre (facultatif)

Mac & cheese

400 g de macaroni
20 g de beurre
30 g de parmesan râpé

Mac & cheese
gratiné

Béchamel fromagère

1 Faites fondre le beurre dans une casserole à feu doux. Ajoutez la farine et mélangez à feu moyen. Hors du feu, ajoutez progressivement le lait froid tout en fouettant. Remettez sur le feu, puis quand les premiers bouillons arrivent, laissez cuire pendant 1 min et puis retirez du feu.

2 Ajoutez les fromages râpés et mélangez afin de les faire fondre. Assaisonnez et ajoutez éventuellement de la noix de muscade. Réservez.

Mac & cheese

3 Préchauffez le four à 180 °C. Faites cuire les macaroni dans de l'eau bouillante salée, en comptant 2 min de moins que les indications du paquet. Pendant ce temps, beurrez un moule à gratin.

4 Égouttez les pâtes, mélangez-les avec la béchamel fromagère. Versez le tout dans le moule à gratin et égalisez la surface. Parsemez de parmesan râpé. Enfournez pour 15 min environ.

POUR
4 PERSONNES
PRÉPARATION
20 MIN
CUISSON
20 MIN

Ratatouille
2 oignons
2 gousses d'ail
2 courgettes
2 aubergines
2 poivrons rouges
8 tomates
1 branche de thym
Huile d'olive
Sel, poivre

Filets de poisson
4 filets de dorade surgelés
Huile d'olive
Sel, poivre

Filets de dorade, ratatouille

Ratatouille

1 Pelez et ciselez les oignons. Pelez l'ail. Lavez les courgettes, les aubergines et les poivrons, puis coupez-les en cubes et réservez-les.

2 Incisez en croix la partie inférieure des tomates et plongez-les 30 s dans l'eau bouillante. Plongez-les ensuite dans un bain d'eau glacée, puis retirez-en la peau. Taillez la chair des tomates en dés.

3 Faites chauffer une poêle avec un filet d'huile d'olive, le thym et les gousses d'ail entières. Faites revenir les oignons, puis ajoutez les dés d'aubergines et laissez cuire quelques minutes. Ajoutez les courgettes et les poivrons et faites cuire le tout pendant 6 à 7 min. Salez et poivrez si vous le souhaitez. Réservez au chaud.

Filets de poisson

4 Faites chauffer une poêle avec un filet d'huile d'olive en réutilisant l'ail et le thym. Faites saisir les filets surgelés côté peau à feu vif pendant 3 à 4 min, puis baissez le feu et retournez les filets pour les faire cuire à feu doux pendant 3 à 4 min côté chair. Assaisonnez à votre convenance.

5 Répartissez la ratatouille dans 4 assiettes et servez avec le poisson.

Astuce petit budget

Vous pouvez remplacer la dorade par un autre poisson blanc. Le colin ou le merlu sont des alternatives particulièrement économiques.

GREEN PAN

POUR
4 PERSONNES
PRÉPARATION
10 MIN
CUISSON
35 MIN

4 filets de poulet
12 grosses pommes de terre
2 c. à s. d'huile d'olive
4 c. à s. d'huile de tournesol
4 c. à s. de paprika
2 c. à c. d'ail en poudre
4 grosses pincées de sel
Aromates séchés (thym, romarin, herbes de Provence, etc.)
Poivre (facultatif)

Poulet mariné, potatoes

On ne va pas se mentir, les frites faites au four ne sont pas toujours une réussite. En revanche, avec les potatoes fraîches, vous pouvez être sûr de taper dans le mille !

1 Préchauffez le four à 200 °C. Lavez les pommes de terre et coupez-les en quartiers épais, sans les éplucher.

2 Dans un bol, mélangez les huiles, le paprika, l'ail, le sel et les aromates afin de préparer une marinade. Étalez les pommes de terre sur une plaque recouverte de papier cuisson, puis versez la moitié de la marinade dessus, et mélangez bien avec les mains. Enfournez et laissez cuire 20 min.

3 Pendant ce temps, déposez les filets de poulet dans le reste de la marinade, en vous assurant qu'elle les recouvre bien. Réservez au frais.

4 Au bout des 20 min de cuisson des potatoes, ajoutez les filets de poulet marinés sur la plaque, et remettez au four pour 15 min supplémentaires.

5 Poivrez si vous le souhaitez et dégustez bien chaud !

POUR
4 PERSONNES

PRÉPARATION
10 MIN

CUISSON
30 À 40 MIN

REPOS
10 MIN

Sauce tomate

½ oignon

1 c. à s. d'huile d'olive

1 boîte de pulpe de tomates

Sel

Pizza

1 pâte à pizza maison (voir p. 11) ou du commerce

2 boules de mozzarella

6 tranches fines de jambon de Parme

Quelques feuilles de basilic frais (facultatif)

Pizza mozzarella
jambon de Parme

Sauce tomate

1 Pelez puis émincez l'oignon et faites-le revenir dans une poêle avec l'huile d'olive. Ajoutez la pulpe de tomates, un peu de sel et laissez revenir 10 à 20 min, à feu moyen. Vous devez obtenir une sauce épaisse qui ne contient plus de liquide.

Pizza

2 Préchauffez le four à 210 °C. Coupez les boules de mozzarella en tranches fines et laissez-les dégorger pendant 10 min.

3 Posez la pâte à pizza sur une plaque de cuisson antiadhésive, ajoutez la sauce tomate et étalez-la avec le dos d'une cuillère en laissant un bord libre sur tout le pourtour. Répartissez les tranches de mozzarella et enfournez pour 20 min environ.

4 Déchirez à la main le jambon de Parme pour en faire des lanières, puis déposez-les sur la pizza lorsqu'elle est cuite. Au moment de servir, arrosez d'un filet d'huile d'olive et ajoutez éventuellement quelques feuilles de basilic sur la pizza.

POUR
6 PERSONNES
PRÉPARATION
20 MIN
CUISSON
45 MIN

300 g de céleri-branche
800 g de pommes de terre
30 cl de crème fraîche liquide
200 g de comté râpé
1 pincée de muscade râpée (facultatif)
25 g de beurre
Sel, poivre (facultatif)

Gratin de céleri aux pommes de terre et au comté

1 Préchauffez le four à 200 °C. Épluchez les pommes de terre, lavez-les et coupez-les en rondelles d'environ 1 cm d'épaisseur. Placez-les dans une grande casserole d'eau bouillante salée et faites-les cuire pendant 15 min environ, afin qu'elles soient juste précuites.

2 Pendant ce temps, lavez le céleri, coupez les branches et retirez les feuilles, puis détaillez les branches en cubes. Réservez.

3 Dans une casserole, mettez la crème avec la moitié du comté, du sel, du poivre et de la muscade râpée si vous le souhaitez. Faites chauffer le tout jusqu'à ce que le fromage soit complètement fondu.

4 Beurrez un plat allant au four, puis disposez dans le fond une couche de pommes de terre. Couvrez d'une couche de céleri, puis de crème, et procédez ainsi jusqu'à épuisement des ingrédients. Terminez par le reste du comté râpé en le répartissant sur l'ensemble du gratin. Enfournez et faites cuire 20 min, puis 5 min sous le gril. Servez immédiatement.

Astuce anti-gaspi

Conservez les épluchures des pommes de terre et transformez-les en chips pour l'apéritif (voir p. 19).

POUR
4 PERSONNES

PRÉPARATION
30 MIN

CUISSON
30 MIN

REPOS
30 MIN

Pommes de terre au citron confit

1,2 kg de pommes de terre du genre charlotte ou amandine

1 citron jaune bio

5 cl de vin blanc sec

½ botte de persil plat

½ botte de ciboulette

1 c. à s. de moutarde à l'ancienne

6 c. à s. d'huile d'olive

Sel, poivre

Sardines grillées

1,2 kg de sardines fraîches préparées (sans les viscères)

2 citrons jaunes bio

Sardines grillées, pommes de terre au citron confit

Ces sardines grillées au barbecue sont idéales pour un bon repas d'été sans vous ruiner. Pas de panique toutefois si vous n'avez pas de barbecue, il vous sera possible de faire cuire vos poissons à la poêle.

Pommes de terre au citron confit

1 Prélevez le zeste du citron à l'aide d'un économe. Émincez le zeste et mettez-le dans une casserole d'eau froide. Portez à ébullition et égouttez. Répétez cette opération deux fois. Pressez le jus et réservez-le.

2 Épluchez les pommes de terre et faites-les cuire 15 min dans de l'eau bouillante salée. Vérifiez la cuisson à l'aide de la pointe d'un couteau. Égouttez les pommes de terre et coupez-les encore chaudes en rondelles. Arrosez-les de vin blanc et de jus de citron. Laissez reposer 30 min.

3 Effeuillez le persil et émincez la ciboulette. Lorsque les pommes de terre sont tièdes, assaisonnez-les avec les herbes, la moutarde, l'huile d'olive, les zestes de citron confits, du sel et du poivre. Réservez au frais.

Sardines grillées

4 Rincez les sardines sous l'eau froide et épongez-les. Disposez-les sur une grille propre et posez-la sur le barbecue chaud. Faites cuire 3 ou 4 min de chaque côté. Servez aussitôt avec des quartiers de citron et de la salade de pommes de terre.

Variante

Les maquereaux conviendront aussi très bien à cette recette.

POUR
2 PERSONNES
PRÉPARATION
15 MIN
CUISSON
15 MIN

4 filets de poulet
4 tranches de jambon blanc
200 g d'emmental
400 g de farine
4 œufs
400 g de chapelure
Huile de cuisson
Sel, poivre (facultatif)

Cordons bleus maison

Soyons honnêtes, il est tentant d'opter pour des cordons bleus industriels qu'il suffit de faire cuire à la poêle. Et pourtant, le cordon bleu maison est si facile à préparer et tellement meilleur ! Voici une recette qui devrait vous convaincre de vous lancer.

1 Préchauffez le four à 180 °C. Coupez 1 filet de poulet en deux dans le sens de la longueur, sans aller jusqu'au bout pour que les 2 morceaux restent attachés. Aplatissez-les à l'aide d'un rouleau à pâtisserie pour les affiner le plus possible. Salez et poivrez (si vous le souhaitez) des 2 côtés.

2 Sur l'une des moitiés du filet, déposez 1 tranche de jambon blanc, puis 2 tranches d'emmental. Repliez la seconde moitié du filet par-dessus et fermez en appuyant bien. Faites de même avec les autres filets de poulet.

3 Farinez généreusement les cordons bleus sur tous les côtés. Badigeonnez-les d'œufs battus, puis roulez-les dans la chapelure. Faites chauffer l'huile de cuisson dans une poêle, puis faites dorer les cordons bleus de chaque côté pendant 5 min. Poursuivez la cuisson au four pendant 10 min. Servez avec les légumes de votre choix.

RECETTE VEGGIE · RECETTE VEGGIE

POUR
4 PERSONNES

PRÉPARATION
20 MIN

CUISSON
50 MIN

1 pâte brisée maison (voir p. 11) ou du commerce

3 betteraves cuites

3 œufs

18 cl de crème liquide

100 g de bûche de chèvre

Sel, poivre (facultatif)

Quiche à la betterave et au chèvre

Si vous souhaitez proposer autre chose que la sempiternelle quiche lorraine, cette recette est faite pour vous. De plus, elle permet de réutiliser facilement un reste de betteraves dont vous ne sauriez pas quoi faire.

1 Préchauffez le four à 180 °C. Étalez la pâte brisée sur une feuille de papier cuisson farinée. Déposez-la dans un moule à tarte, foncez-le et coupez l'excédent de pâte si besoin. Piquez le fond avec une fourchette et placez une feuille de papier cuisson avec des légumes secs pour faire du poids. Faites précuire la pâte pendant 10 min.

2 Pendant ce temps, préparez l'appareil à quiche : battez les œufs à l'aide d'une fourchette avec la crème liquide, du sel et, éventuellement, du poivre.

3 Coupez les betteraves en cubes ou en rondelles. Gardez quelques morceaux à part et placez le reste dans le fond tarte précuit. Versez l'appareil à quiche par-dessus, puis ajoutez les morceaux de betterave réservés.

4 Coupez la bûche de chèvre en rondelles et disposez-les sur le tout. Enfournez et faites cuire 40 min. Servez avec une salade verte par exemple.

Astuce

Si vous le souhaitez, vous pouvez choisir 3 betteraves de différentes couleurs.

POUR
4 PERSONNES
PRÉPARATION
20 MIN
CUISSON
20 MIN

Ailes de poulet

4 blancs de poulet avec la peau et les ailerons
1 gousse d'ail
Thym
4 c. à s. d'huile d'olive
Le jus de ½ citron jaune
Mayonnaise d'avocat (voir p. 10)

Salade de pâtes

250 g de farfalles
1 concombre
150 g de tomates cerises
½ botte de persil plat
½ botte de basilic
½ botte de ciboulette
1 avocat bien mûr
4 c. à s. d'huile d'olive
Le jus de ½ citron jaune
Sel, poivre (facultatif)

Ailes de poulet au citron, salade de pâtes

Ailes de poulet

1 Pelez et hachez l'ail. Dans un bol, mélangez l'ail, le thym, l'huile et le jus de citron. Badigeonnez le poulet de cette marinade et disposez dans un plat à couvert et à température ambiante. Réservez.

Salade de pâtes

2 Faites cuire les pâtes selon les indications du paquet. Lorsqu'elles sont cuites, égouttez-les et passez-les sous l'eau froide. Laissez-les s'égoutter.

3 Pendant ce temps, pelez le concombre. Retirez la partie centrale, puis taillez-le en morceaux. Lavez les tomates cerises et coupez-les en deux. Effeuillez le persil et le basilic, émincez finement la ciboulette. Coupez la chair de l'avocat en morceaux. Mélangez le tout avec les pâtes et assaisonnez avec l'huile d'olive, le jus de citron, du sel et du poivre. Mélangez et réservez au frais.

4 Faites cuire les ailes de poulet sur un barbecue chaud en commençant côté peau, pendant 8 à 10 min en les retournant régulièrement. La chair est cuite lorsqu'elle s'est rétractée et qu'elle est ferme au toucher. Servez aussitôt avec la salade et la mayonnaise d'avocat.

Astuce petit budget

La plupart des herbes se trouvent au rayon surgelé, déjà préparées. Une seule boîte vous servira pour plusieurs recettes ; ainsi, vous faites des économies et vous êtes certain de ne pas gâcher, les herbes fraîches ne se conservant pas longtemps.

POUR **4 PERSONNES**	4 carottes	1 branche de thym
PRÉPARATION **20 MIN**	2 grosses pommes de terre	2 feuilles de laurier
CUISSON **35 MIN**	100 g de céleri-rave	1 c. à c. de sucre
	2 oignons	1 cube de bouillon de volaille
	100 g de lardons	Sel
	150 g de petits pois (surgelés ou frais)	Poivre

Jardinière
de légumes

1 Épluchez les carottes, les pommes de terre, le céleri-rave et les oignons. Détaillez le tout en cubes de taille similaire.

2 Mettez les oignons dans une cocotte avec les lardons et faites-les revenir à feu vif pendant 5 min. Ajoutez les cubes de carottes, de pommes de terre et de céleri, ainsi que les petits pois.

3 Couvrez d'eau à hauteur, ajoutez le thym, le laurier, le sucre, le cube de bouillon, du sel et du poivre. Laissez mijoter pendant 30 min à feu doux.

4 Servez bien chaud.

Conseil

Variez les légumes selon la saison.

POUR
6 PERSONNES

PRÉPARATION
10 MIN

CUISSON
55 MIN

8 grosses pommes de terre
10 cl de lait
200 g de fromage à raclette
Thym séché
Sel, poivre (facultatif)

Pommes de terre farcies au fromage à raclette

1 Préchauffez le four à 200 °C. Lavez et séchez les pommes de terre, puis piquez-les avec une fourchette à différents endroits. Enveloppez chaque pomme de terre dans un papier d'aluminium, enfournez et faites cuire 45 à 50 min.

2 Lorsque les pommes de terre sont cuites, retirez-les du papier d'aluminium, et coupez leur chapeau dans la longueur. Évidez l'intérieur de chacune, récupérez la chair et placez-la dans un saladier. Ajoutez le lait, du sel, du poivre si vous le souhaitez et mélangez le tout pour obtenir une purée.

3 Coupez le fromage à raclette en morceaux, réservez quelques lamelles, puis incorporez le reste à la purée. Garnissez les pommes de terre avec cette farce, puis terminez en déposant les lamelles de fromage réservées. Saupoudrez de thym et placez 4 à 5 min sous le gril du four pour faire fondre le fromage. Dégustez immédiatement.

POUR
6 PERSONNES
PRÉPARATION
30 MIN
CUISSON
1 H 30 À 2 H

1 pâte sablée maison (voir p. 11)
ou du commerce
600 g d'abricots

Tarte à l'abricot

1 Sortez votre pâte du réfrigérateur et attendez qu'elle ramollisse un peu.

2 Pendant ce temps, lavez les abricots, coupez-les en deux et dénoyautez-les.

3 Préchauffez le four à 160 °C. Étalez la pâte sablée, disposez-la sur une plaque recouverte de papier cuisson et faites un petit rebord sur tout le pourtour.

4 Disposez les demi-abricots sur la tranche, bien serrés les uns contre les autres, en commençant à 4 cm du bord de votre disque de pâte. Réalisez ainsi un premier cercle d'abricots, puis, à l'intérieur de ce cercle, réalisez-en un second dans le sens inverse, de manière à ce que les abricots se chevauchent et s'accrochent les uns aux autres. Procédez ainsi jusqu'au centre de la tarte. Enfournez et faites cuire 1 h 30 à 2 h. La tarte est cuite lorsque les fruits ont rendu tout leur jus.

Astuce

Si vous préférez, vous pouvez utiliser un moule à tarte. Dans ce cas, disposez les abricots de la même manière, mais en plaçant le premier cercle contre le bord.

POUR
6 PERSONNES

PRÉPARATION
15 MIN

REPOS
1 NUIT

150 g de chocolat noir pâtissier (non corsé)

5 œufs

Mousse
au chocolat

Les mousses au chocolat industrielles sont très sucrées et présentent souvent un intérêt gustatif limité. Cette version maison est bien chocolatée et sans sucres ajoutés, de quoi terminer le repas sur une note bien gourmande.

1 Faites fondre le chocolat à feu très doux dans une grande casserole ou au bain-marie.

2 Pendant ce temps, séparez les blancs des jaunes d'œufs : rassemblez les 5 blancs, mais uniquement 4 jaunes. Réservez le cinquième à part. Montez les blancs en neige bien ferme à l'aide d'un batteur électrique.

3 Retirez le chocolat du feu dès qu'il est fondu. Laissez-le refroidir quelques secondes et incorporez-y les 4 jaunes d'œufs. Mélangez bien. Ajoutez les blancs en neige et mélangez délicatement à l'aide d'une spatule. Vous devez obtenir un appareil lisse et mousseux.

4 Répartissez la mousse dans 6 pots ou laissez-la dans un grand bol et faites-la prendre au réfrigérateur pendant 1 nuit.

Variante
Si vous aimez votre mousse un peu plus sucrée, vous pouvez ajouter un sachet de sucre vanillé dans les jaunes d'œufs.

Astuce anti-gaspi

Le jaune d'œuf restant peut vous servir à faire une mayonnaise maison (voir p. 10) par exemple. Vous pouvez aussi le faire frire dans une petite préparation de riz ou de nouilles sautées.

café

POUR
4 PERSONNES
PRÉPARATION
15 MIN
CUISSON
5 MIN
REPOS
2 H (AU MOINS)

2 c. à s. rases de café soluble
45 g de sucre
30 g de Maïzena®
50 cl de lait

Crèmes au café façon Danette®

Voici la version maison d'un petit dessert industriel qu'on a tous bien connu et pour lequel on s'est tous levés !

1 Diluez le café, le sucre et la Maïzena® dans 10 cl de lait et réservez. Portez les 40 cl de lait restants à frémissement dans une casserole, à feu moyen. Quand le lait commence à frémir et qu'une mousse se forme sur le dessus, incorporez le mélange au café. Baissez légèrement le feu et remuez sans cesse avec un fouet pendant 2 min. La préparation va s'épaissir.

2 Ôtez la casserole du feu et répartissez le mélange dans 4 petits pots à yaourt en verre. Laissez refroidir quelques minutes à température ambiante, puis laissez prendre au moins 2 h au réfrigérateur.

3 Avant de déguster, mélangez la crème à l'aide d'une petite cuillère afin d'obtenir une texture proche de celle de la Danette®.

Astuce

Pour les enfants, et pour pouvoir manger cette crème à toute heure de la journée, vous pouvez utiliser du café soluble décaféiné.

POUR
6 PERSONNES

PRÉPARATION
10 MIN

CUISSON
35 MIN

REPOS
2 H

- 180 g de riz rond
- 1 l de lait
- 80 g de sucre
- Le zeste de ¼ de citron jaune
- Le zeste de ¼ d'orange
- 1 pincée de sel
- 1 c. à c. d'extrait de vanille
- 25 cl de crème fraîche liquide entière (facultatif)
- 10 g de miel (facultatif)

Riz au lait

Le riz au lait est le roi des desserts de famille ! Vous pouvez le parfumer selon votre goût. Dans cette version, de la crème fouettée est incorporée au riz au lait afin de le rendre plus gourmand, mais c'est une étape facultative.

1 Dans une casserole, faites chauffer le lait avec le sucre, les zestes d'agrumes râpés, le sel et la vanille. À ébullition, ajoutez le riz rond et remuez aussitôt. Laissez cuire à frémissement le plus doucement possible pendant 30 min environ, en remuant de temps en temps.

2 Vérifiez la cuisson du riz en le goûtant, puis débarrassez-le dans un saladier. Laissez-le refroidir 2 h au réfrigérateur.

3 Si vous le souhaitez, fouettez la crème liquide bien froide avec le miel à l'aide d'un batteur électrique ou d'un robot pâtissier pour obtenir une crème fouettée type chantilly. Assouplissez le riz au lait bien froid si nécessaire avec un peu de lait froid pour le rendre crémeux, puis incorporez délicatement la crème fouettée.

4 Servez dans 6 petits ramequins.

POUR
UNE QUINZAINE DE PETITES PARTS CARRÉES

PRÉPARATION
15 MIN

CUISSON
35 MIN

- 175 g de chocolat noir pâtissier
- 100 g de beurre
- 2 œufs
- 200 g de sucre
- 100 g de farine
- 75 g de chocolat noir de l'intensité de votre choix, coupé en pépites

Perfect brownie

Rapide et facile à préparer, économique et très gourmand, le brownie est un incontournable du goûter. Ici, on mise sur une version 100% chocolat, mais vous pouvez si vous le souhaitez y ajouter les noix de votre choix. N'hésitez pas à le préparer la veille pour le lendemain, il n'en sera que meilleur !

1 Préchauffez le four à 180 °C. Faites fondre le chocolat et le beurre dans une grande casserole, à feu très doux. Pendant ce temps, mélangez les œufs et le sucre.

2 Quand le chocolat et le beurre sont fondus, ôtez la casserole du feu et ajoutez-y l'appareil œufs-sucre. Mélangez bien le tout, et incorporez la farine petit à petit. Lorsque l'appareil est homogène, ajoutez-y les pépites de chocolat.

3 Versez la préparation dans un moule tapissé de papier cuisson. Utilisez idéalement un moule rond de 25 cm de diamètre ou carré de 20 cm de côté. Faites cuire pendant 35 min, puis laissez refroidir à température ambiante.

2
Chapitre
LUNCHBOXES

POUR
2 PORTIONS
PRÉPARATION
10 MIN
CUISSON
5 MIN

- 3 tortillas de blé
- 200 g d'émincés de poulet
- 1 c. à s. d'épices tex mex
- 1 filet d'huile d'olive
- 100 g de jeunes pousses
- 1 avocat
- 100 g de fromage frais
- Sauce vinaigrette (voir p. 10)

Wraps tex mex au poulet

Ces petits wraps sont très pratiques à emporter dans une lunchbox, en particulier les jours où vous n'avez pas beaucoup de temps à consacrer à votre déjeuner.

1 Mélangez les émincés de poulet avec les épices tex mex de manière à bien les enrober. Faites chauffer 1 filet d'huile d'olive dans une poêle, sur feu moyen-vif. Ajoutez le poulet et laissez-le revenir quelques minutes en remuant de temps en temps.

2 Lavez les jeunes pousses, puis essorez-les sur du papier absorbant. Coupez l'avocat en deux, retirez le noyau, la peau et coupez la chair en tranches.

3 Tartinez chaque tortilla de fromage frais, puis disposez des jeunes pousses. Répartissez les tranches d'avocat sur la partie inférieure des tortillas, puis ajoutez les émincés de poulet. Roulez les tortillas en serrant bien, puis coupez-les en deux.

4 Dégustez avec le reste de jeunes pousses agrémenté de sauce vinaigrette.

POUR
2 PORTIONS
PRÉPARATION
20 MIN
CUISSON
10 MIN

Tartines aux sardines

1,5 boîte de sardines à l'huile d'olive
1 œuf
1 petite échalote
3 c. à s. de persil plat
15 g de beurre mou
2 c. à s. de jus de citron
½ c. à c. de moutarde
Quelques gouttes de Tabasco®
2 tranches du pain de votre choix

Salade de maïs

2 grosses poignées de mesclun
1 grosse carotte ou 2 petites
1 boîte de maïs de 295 g
Sauce vinaigrette (voir p. 10)
Sel, poivre

Salade de maïs, tartines aux sardines

Tartines aux sardines

1 Faites cuire l'œuf 10 min dans de l'eau bouillante. Pendant ce temps, pelez et ciselez l'échalote. Lavez le persil plat, ciselez-le également. Écalez l'œuf sous l'eau froide, puis hachez-le grossièrement et mettez-le dans un bol.

2 Égouttez soigneusement les sardines en veillant à conserver l'huile. Mettez-les dans le bol avec l'œuf, puis ajoutez le beurre et écrasez l'ensemble avec une fourchette pour obtenir une purée grossière. Ajoutez l'échalote et le persil plat, le jus de citron, la moutarde, 2 c. à s. de l'huile de sardines réservée et un peu de Tabasco®. Mélangez bien et rectifiez l'assaisonnement. Réservez.

Salade de maïs

3 Lavez le mesclun, puis laissez-le s'égoutter sur du papier absorbant et mettez-le dans un saladier. Pelez, puis lavez les carottes. Râpez-les et mettez-les dans le saladier. Égouttez le maïs, puis ajoutez-le. Versez la sauce vinaigrette, assaisonnez et mélangez.

4 Au moment de la dégustation, faites éventuellement griller une tranche de pain et tartinez-la de rillettes. Servez avec de la salade de maïs.

Astuce anti-gaspi

Conservez les sardines restantes dans leur boîte, avec leur huile. Couvrez la boîte de manière hermétique. Vous pourrez les garder quelques jours au réfrigérateur.

POUR
2 À 4 PORTIONS

PRÉPARATION
10 MIN

CUISSON
35 MIN

50 g de roquette
3 œufs
35 cl de lait
3 cl d'huile d'olive
180 g de farine
60 g de gruyère râpé
Un peu de beurre
Sel, poivre

Mini cakes à la roquette et au gruyère

Ces muffins salés, en plus d'être très simples à préparer, sont très pratiques à transporter dans une lunchbox, que ce soit pour un déjeuner rapide devant votre ordinateur ou lors d'un petit pique-nique. Prenez-en un ou deux (ou trois !) selon votre appétit.

1 Préchauffez le four à 230 °C. Déposez une noisette de beurre dans chaque empreinte d'un moule à muffins, puis placez ce dernier dans le four.

2 Lavez la roquette, essuyez-la et ciselez-la finement à l'aide d'un couteau. Dans un bol, mélangez les œufs avec le lait, puis ajoutez l'huile, la farine, le gruyère râpé et la roquette. Salez, poivrez, et mélangez bien le tout.

3 Sortez le moule à muffins du four et étalez le beurre fondu sur toute la surface de chaque empreinte à l'aide d'un pinceau. Répartissez la pâte dans les empreintes en les remplissant aux trois quarts. Enfournez et faites cuire les muffins 20 min, puis baissez la température à 180 °C et poursuivez la cuisson 15 min.

4 Dégustez chaud au froid avec une salade de roquette par exemple.

RECETTE VEGGIE · RECETTE VEGGIE ·

POUR
2 PORTIONS
PRÉPARATION
30 MIN
CUISSON
35 MIN

Houmous de lentilles corail

200 g de lentilles corail
1 gousse d'ail
Le jus de ½ citron
2 c. à s. de tahiné
1 c. à s. d'huile d'olive
1 c. à c. de curcuma
1 c. à c. de cumin

Galettes

200 g de quinoa
300 g de carottes
1 c. à c. de curry
35 g de Maïzena®
2 œufs
Huile d'olive
Sel

Galettes de quinoa aux carottes, houmous de lentilles corail

Houmous de lentilles corail

1 Rincez les lentilles, mettez-les dans une casserole et recouvrez-les d'eau froide. Portez à ébullition, baissez le feu et laissez mijoter 15 min, jusqu'à ce qu'elles soient tendres. Pendant ce temps, pelez l'ail et râpez-le.

2 Mixez les lentilles cuites avec l'ail, le jus de citron, le tahiné, l'huile d'olive, les épices et du sel. Ajoutez 4 c. à s. d'eau chaude et mixez à nouveau. Rectifiez l'assaisonnement et réservez.

Galettes

3 Rincez le quinoa et mettez-le dans une casserole avec 40 cl d'eau. Ajoutez 1/2 c. à c. de sel, portez à ébullition. Baissez le feu et faites cuire environ 10 min, jusqu'à absorption de l'eau.

4 Pelez les carottes, retirez les extrémités puis lavez-les. Râpez-les. Faites chauffer une poêle avec 1 filet d'huile d'olive et faites revenir les carottes 30 s sur feu vif en mélangeant. Ajoutez 2 c. à s. d'eau, le curry, un peu de sel, puis faites cuire 5 min sur feu moyen, jusqu'à ce que les carottes soient tendres.

5 Ôtez le quinoa du feu, couvrez et laissez reposer 5 min. Égrenez-le à l'aide d'une fourchette et versez-le dans un contenant. Ajoutez la Maïzena®, mélangez, ajoutez les œufs et mélangez à nouveau. Ajoutez les carottes cuites, mélangez, goûtez et vérifiez l'assaisonnement.

6 Essuyez la poêle qui a servi à la cuisson des carottes puis faites-la chauffer sur feu moyen-vif, avec 1 c. à s. d'huile d'olive. Formez 3 à 4 petits tas du mélange au quinoa et aplatissez-les avec le dos d'une cuillère pour former des galettes de 1 cm d'épaisseur. Faites-les cuire 1 min 30 de chaque côté.

7 Dégustez les galettes accompagnées du houmous et d'une salade verte.

RECETTE VEGGIE

POUR **2 BAGELS**

PRÉPARATION **10 MIN**

CUISSON **10 MIN**

- 2 pains à bagels
- 4 œufs
- 1 avocat
- Ciboulette
- Le jus de ½ citron jaune
- Sel, poivre

Bagels à l'œuf et à l'avocat

1 Faites cuire les œufs 8 à 10 min dans une grande casserole d'eau bouillante. Passez-les sous l'eau froide et écalez-les. Coupez-les en petits morceaux.

2 Coupez l'avocat en deux, retirez-en le noyau et la peau, puis coupez la chair en dés et placez-les dans un bol. Ajoutez de la ciboulette hachée, le jus de citron, du sel et du poivre. Ajoutez les œufs et mélangez le tout. Rectifiez l'assaisonnement si besoin.

3 Coupez les pains à bagels en deux et faites-les griller. Garnissez les tranches inférieures du mélange à l'avocat, puis fermez les bagels avec les tranches supérieures.

4 Au moment de déguster le bagel, coupez-le en deux.

sont
mais ils existent
ils accueillent toujours
des étrangers, même

POUR
2 PORTIONS
PRÉPARATION
15 MIN
CUISSON
10 À 15 MIN

400 g de pommes de terre à chair ferme

½ oignon rouge

½ c. à s. de vinaigre de Xérès

2 c. à s. d'huile d'olive

1 petite boîte de thon au naturel

1 sachet de roquette pour 2 personnes

Salade de pommes de terre au thon et à l'oignon rouge

1 Pelez les pommes de terre et lavez-les. Coupez-les en dés de 3,5 cm. Faites-les cuire à la vapeur de 10 à 15 min.

2 Pendant ce temps, pelez le demi-oignon rouge, coupez-le en quatre. Plongez les morceaux d'oignon 1 min dans de l'eau bouillante. Égouttez-les, mettez-les dans un saladier et séparez les couches avec vos doigts. Ajoutez le vinaigre de Xérès, l'huile d'olive et mélangez.

3 Quand les pommes de terre sont cuites, mettez-les dans le saladier avec les oignons, salez, poivrez puis mélangez délicatement. Laissez refroidir à température ambiante.

4 Égouttez le thon, ajoutez-le à la salade de pommes de terre et mélangez. Dégustez avec de la roquette.

RECETTE VEGGIE · RECETTE VEGGIE ·

POUR
4 FEUILLETÉS

PRÉPARATION
15 MIN

CUISSON
40 MIN

3 poireaux
20 g de beurre
2 c. à s. d'huile d'olive
1 rouleau de pâte feuilletée
70 g de brie
1 œuf
Sel, poivre
Facultatif : gruyère râpé, graines de pavot, graines de sésame, etc.

Feuilletés de poireaux au brie

1 Retirez le vert et les radicelles des poireaux. Coupez-les en lamelles, puis rincez-les à l'eau claire pour retirer toutes les impuretés. Égouttez et réservez.

2 Faites chauffer le beurre dans une poêle et ajoutez les poireaux. Faites-les cuire 5 min à feu moyen pour qu'ils se colorent. Ajoutez l'huile d'olive, salez, poivrez, et laissez cuire à couvert pendant 20 min en remuant de temps en temps. Débarrassez dans un saladier et laissez refroidir totalement.

3 Préchauffez le four à 200° C. Étalez la pâte feuilletée et découpez 4 rectangles de 15 x 7 cm. Déposez 2 à 3 c. à s. de poireaux froids au centre de chaque rectangle, puis ajoutez des morceaux de brie. Refermez les feuilletés en rabattant les 4 coins vers le centre, ou seulement 2 si vous préférez. Fouettez l'œuf avec un peu d'eau et badigeonnez-en les feuilletés à l'aide d'un pinceau. Agrémentez éventuellement les feuilletés de gruyère râpé, de graines de sésame ou de pavot. Faites cuire 15 min.

4 Dégustez chaud, avec une salade verte par exemple.

Astuce anti-gaspi

Conservez éventuellement les chutes de pâte feuilletée pour réaliser des décorations sur les feuilletés. Sinon, vous pouvez en faire des palmiers (voir p. 16) pour un en-cas gourmand.

RECETTE VEGGIE · RECETTE VEGGIE

POUR
2 PORTIONS
PRÉPARATION
15 MIN
CUISSON
10 MIN

200 g de pâtes courtes (de type pipe rigate)
1 petite boîte de maïs
100 g de tomates cerises
40 g de mimolette
25 g d'olives noires dénoyautées
1 avocat
Le jus de ½ citron
2 gouttes de Tabasco®
½ c. à s. d'épices tex mex
Coriandre
Huile d'olive
Sel

Salade de pâtes

Au bureau, sur le pouce, lors d'un pique-nique ou d'un buffet, la salade de pâtes est la recette nomade par excellence. Vous pouvez l'agrémenter de mille façons et elle permet, en prime, de recycler un reste de pâtes déjà cuites.

1 Faites cuire les pâtes dans un grand volume d'eau bouillante salée, selon les indications du paquet. Égouttez-les et mettez-les dans un saladier. Ajoutez 1 c. à s. d'huile d'olive et mélangez.

2 Égouttez le maïs. Lavez les tomates cerises et coupez-les en deux. Coupez la mimolette en dés. Ajoutez le tout, ainsi que les olives entières, à la salade de pâtes.

3 Coupez l'avocat en deux, retirez-en le noyau et la peau, puis coupez la chair en dés. Mettez-les dans le saladier, puis versez 2 c. à s. d'huile d'olive et le jus du citron. Assaisonnez avec le Tabasco®, les épices et du sel. Mélangez.

4 Au moment de la dégustation, ajoutez un peu de coriandre.

POUR
2 PORTIONS
PRÉPARATION
15 MIN
CUISSON
20 À 25 MIN

350 g de haricots verts frais
2 œufs
Quelques tomates cerises
75 g de thon en conserve nature
Sauce vinaigrette au paprika (voir p. 10)
Quelques olives noires
Sel, poivre

Salade de haricots verts au thon

1 Portez à ébullition un grand volume d'eau salée. Rincez et équeutez les haricots verts, puis plongez-les dans l'eau et laissez-les cuire 10 à 15 min. Égouttez et laissez refroidir dans un saladier.

2 Pendant ce temps, faites cuire les œufs 9 à 10 min dans de l'eau bouillante. Passez-les sous l'eau froide et écalez-les. Coupez-les en tranches et réservez.

3 Lavez les tomates cerises et coupez-les en deux. Égouttez puis émiettez le thon.

4 Versez la vinaigrette sur les haricots verts et mélangez. Répartissez-les dans 2 contenants, ajoutez le thon émietté, les œufs, les olives noires et les tomates cerises. Rectifiez l'assaisonnement à votre convenance. Réservez au réfrigérateur.

Astuce

Vous pouvez également préparer cette recette avec des haricots blancs, et l'agrémenter de pommes de terre vapeur.

POUR
2 PORTIONS
PRÉPARATION
10 MIN
CUISSON
30 MIN

- 125 g de lentilles vertes non cuites
- Sauce vinaigrette (voir p. 10)
- 2 tranches de truite fumée
- 2 petits avocats
- ½ citron
- Sel, poivre

Salade de lentilles à la truite fumée et à l'avocat

1 Rincez les lentilles, versez-les dans une casserole, puis recouvrez-les d'eau. Portez à ébullition, baissez le feu et laissez frémir 30 min environ, jusqu'à ce qu'elles soient tendres.

2 Lorsqu'elles sont cuites, versez-les dans un saladier. Ajoutez la sauce vinaigrette, mélangez et rectifiez l'assaisonnement. Répartissez la salade dans 2 contenants.

3 Coupez les tranches de truite en dés ou en lanières et répartissez-les sur les lentilles.

4 Au moment de déguster, coupez un avocat en deux, retirez le noyau puis la peau. Citronnez-les, coupez-les en dés et ajoutez-les aux lentilles.

Astuce

Si vous manquez de temps, vous pouvez utiliser directement des lentilles déjà cuites. Dans ce cas, prévoyez une boîte pour 2 personnes et égouttez bien avant de mettre dans votre saladier.

POUR
1 SANDWICH

PRÉPARATION
10 MIN

CUISSON
2 MIN

Quelques tranches de rôti (que vous aviez précédemment cuisiné par exemple)

½ baguette

1 c. à c. de moutarde

2 c. à s. de houmous

Quelques feuilles de salade

100 g de parmesan

Sel, poivre

Sandwich au rôti de porc

Il n'est pas rare qu'après avoir dégusté un rôti en famille, il reste quelques tranches pour le lendemain. Transformez-les en délicieux sandwichs à emporter au travail !

1 Coupez la demi-baguette en deux dans le sens de la longueur et faites-la éventuellement griller à l'aide d'un grille-pain si vous le souhaitez. Tartinez les tranches de pain de moutarde et de houmous.

2 Sur la base du pain, disposez quelques feuilles de salade, puis les tranches de rôti. Ajoutez le parmesan coupé en fines lamelles et refermez le sandwich. Emballez-le bien dans un papier d'aluminium et patientez jusqu'à la pause déjeuner.

RECETTE VEGGIE · RECETTE VEGGIE ·

POUR
2 PORTIONS

PRÉPARATION
30 MIN

CUISSON
2 H

- 400 g de carottes
- ½ cube de bouillon de légumes
- ½ oignon
- ½ branche de céleri
- ¼ de gousse d'ail
- 1 feuille de laurier
- 1 boîte de pulpe de tomates de 200 g (poids net égoutté)
- 5 cl de crème liquide
- Huile d'olive
- Sel

Crème de carotte

On n'y pense pas assez, mais une soupe peut constituer une lunchbox équilibrée et réconfortante pendant les mois d'hiver. Il faut simplement veiller à la transporter dans un récipient bien hermétique. Sachez qu'il existe d'ailleurs des bentos spécialement pensés pour ça !

1 Faites chauffer une casserole contenant 25 cl d'eau et le demi-cube de bouillon. Réservez sur un coin du fourneau.

2 Pelez les carottes, lavez-les et retirez les extrémités. Coupez-les en tronçons. Pelez l'oignon et ciselez-le. Lavez le céleri, retirez-en les extrémités et coupez-le en dés. Pelez l'ail, râpez-le, puis mettez-le dans un bol.

3 Faites chauffer 1 filet d'huile d'olive dans une cocotte allant au four. Faites-y revenir les carottes à feu moyen-vif pendant 10 min. Pendant ce temps, faites chauffer 1 c. à s. d'huile d'olive dans une poêle, ajoutez les oignons et le céleri et faites revenir le tout 8 min à feu doux.

4 Préchauffez le four à 180 °C. Versez le mélange oignon-céleri dans la cocotte et ajoutez l'ail râpé, le laurier, la pulpe de tomates et 5 cl de bouillon de légumes. Salez et mélangez. Couvrez, puis enfournez 1 h 30. À la fin de la cuisson, mixez le contenu de la cocotte avec 20 cl de bouillon et la crème liquide.

5 Dégustez cette soupe chaude, accompagnée de tartines beurrées surmontées de quelques copeaux de parmesan.

POUR
2 PORTIONS
PRÉPARATION
30 MIN
CUISSON
25 MIN ENVIRON

200 g de riz
1 cube de bouillon de légumes
2 œufs
50 g de petits pois
70 g de jambon blanc
1 petite mozzarella
1 petite boîte de maïs
Quelques câpres
4 c. à s. de mayonnaise (voir p. 10)
Thym
Huile d'olive
Sel, poivre

Riz froid d'été

Cette recette de salade de riz revisitée est généreuse et en même temps très fraîche. Elle est idéale à emporter, pour un déjeuner sur le pouce ou un pique-nique entre amis.

1 Faites bouillir une casserole d'eau avec le cube de bouillon, puis faites-y cuire le riz cru selon les indications du paquet. Une fois cuit, égouttez-le et laissez-le refroidir.

2 Pendant ce temps, faites cuire les œufs dans une seconde casserole d'eau bouillante pendant 10 min. Passez-les sous l'eau froide et écalez-les.

3 Faites cuire les petits pois pendant 4 min dans de l'eau bouillante, puis plongez-les immédiatement dans de l'eau glacée.

4 Coupez le jambon, les œufs durs et la mozzarella en dés. Mélangez le riz froid avec les petits pois, les ingrédients coupés en dés, le maïs égoutté et quelques câpres. Assaisonnez avec de la mayonnaise, du thym, un peu d'huile d'olive, du sel et du poivre.

Astuce anti-gaspi

S'il vous reste du riz déjà cuit d'une précédente préparation, utilisez-le dans cette salade.

RECETTE VEGGIE

POUR
4 PERSONNES

PRÉPARATION
15 MIN

CUISSON
20 MIN

REPOS
10 MIN

Galettes

2 boîtes de pois chiches (poids net égoutté 260 g pour chaque)

½ oignon rouge

1 œuf

70 g de yaourt au lait de brebis

2 c. à s. de Maïzena®

2 c. à c. de cumin moulu

6 c. à s. d'herbes surgelées

2 c. à c. de jus de citron jaune

1 c. à c. de sel fin

Huile d'olive

Poivre

Fromage blanc

200 g de fromage blanc au lait de brebis

6 c. à s. d'herbes surgelées

Un peu de moutarde

Galettes de pois chiches, fromage blanc aux herbes

Galettes

1 Rincez les pois chiches et plongez-les dans de l'eau bouillante. Laissez frémir 5 min. Pendant ce temps, pelez et émincez l'oignon rouge.

2 Égouttez les pois chiches, versez dans un grand bol et laissez tiédir. Ajoutez l'œuf, le yaourt, la Maïzena®, le cumin, les herbes surgelées, l'oignon rouge, le jus de citron jaune, le sel fin et un peu de poivre. Écrasez au presse-purée ou à la fourchette afin de ne pas avoir un mélange trop lisse. Goûtez et rectifiez l'assaisonnement.

3 À l'aide d'une cuillère à glace, prélevez 12 boules et roulez-les entre vos mains. Aplatissez-les en galettes de 1 cm d'épaisseur et déposez-les sur une plaque recouverte de papier cuisson. Placez au frais 10 min.

4 Préchauffez le four à 180 °C. Badigeonnez chaque galette avec de l'huile d'olive, puis enfournez pour 15 min.

Fromage blanc

5 Mélangez le fromage blanc avec les herbes surgelées et un peu de moutarde, à votre convenance. Dégustez avec les galettes, le tout accompagné d'une salade verte.

RECETTE VEGGIE · RECETTE VEGGIE ·

POUR
2 PORTIONS
PRÉPARATION
10 MIN
CUISSON
40 MIN

200 g de pâtes au choix
100 g de feta
150 g de tomates cerises
1 gousse d'ail
1 c. à s. d'herbes de Provence
Huile d'olive
1 poignée de basilic frais
Sel, poivre

Pâtes aux tomates et à la feta rôties

1 Préchauffez le four à 180 °C. Placez la feta dans le centre d'un plat allant au four. Lavez les tomates cerises et ajoutez-les tout autour. Pelez la gousse d'ail et ajoutez-la entière dans le plat. Assaisonnez avec les herbes de Provence, du sel et du poivre et versez un généreux filet d'huile d'olive. Enfournez et faites cuire 30 min.

2 Pendant ce temps, faites cuire les pâtes selon les indications du paquet. Conservez 1 à 2 louches d'eau de cuisson, puis égouttez.

3 À l'issue de la cuisson, sortez le plat du four, écrasez grossièrement la feta et les gousses d'ail à la fourchette, puis ajoutez les pâtes cuites et de l'eau de cuisson des pâtes pour créer une sauce crémeuse. Mélangez.

4 Ajoutez du basilic frais ciselé au moment de la dégustation.

Astuce anti-gaspi

Pour cette recette, vous pouvez utiliser un reste de pâtes déjà cuites.

RECETTE VEGGIE · RECETTE VEGGIE

POUR
4 BRUSCHETTAS
PRÉPARATION
5 MIN
REPOS
10 MIN

Salade

250 g de tomates cerises
80 g d'olives vertes dénoyautées
1 sauce vinaigrette au miel (p. 11)

Bruschettas

4 tranches du pain de votre choix
500 g de mozzarella
5 tomates
1 filet d'huile d'olive
Quelques feuilles de basilic
Sel, poivre

Bruschettas tomate-mozzarella, salade de tomates cerises aux olives

Voici une recette qui permet de préparer à l'avance un déjeuner à emporter en kit et à assembler au moment de la dégustation.

Salade

1 Lavez les tomates cerises et coupez-les en deux dans le sens de la longueur. Mélangez-les avec les olives vertes entières. Assaisonnez avec la vinaigrette et réservez dans un contenant.

Bruschettas

2 Coupez la mozzarella en tranches de 1 cm d'épaisseur et laissez-les dégorger sur une assiette pendant 10 min. Lavez les tomates, retirez leur pédoncule, puis coupez-les en tranches de 1 cm d'épaisseur. Réservez chaque ingrédient séparément.

3 Au moment de la dégustation, faites éventuellement griller les tranches de pain à l'aide d'un grille-pain. Répartissez les tranches de mozzarella et de tomates sur chaque tranche de pain, en les alternant. Salez, poivrez et ajoutez du basilic. Arrosez d'un filet d'huile d'olive. Servez les bruschettas avec la salade.

RECETTE VEGGIE

POUR
2 PORTIONS
PRÉPARATION
10 MIN
CUISSON
35 MIN

250 g d'échalotes
30 g de beurre
2 œufs
20 cl de lait
¼ de c. à c. de muscade moulue
50 g de parmesan ou pecorino râpé
Ciboulette
Sel, poivre

Mini flans d'échalotes au parmesan

1 Préchauffez le four à 180 °C. Pelez les échalotes, puis coupez-les en lamelles. Dans une poêle, faites fondre le beurre et ajoutez les échalotes. Faites-les revenir pendant 10 min, ou jusqu'à ce qu'elles soient dorées. Réservez.

2 Dans un saladier, battez les œufs en omelette avec le lait, la muscade, le parmesan, du sel et du poivre. Ajoutez les échalotes dorées, de la ciboulette ciselée, puis versez dans des ramequins beurrés, enfournez et faites cuire 25 min environ.

3 Dégustez avec une salade de jeunes pousses, par exemple.

RECETTE VÉGANE

POUR **2 PORTIONS**

PRÉPARATION **15 MIN**

REPOS **2 H**

- 300 g de tomates
- 1 gros poivron rouge
- ½ concombre
- ¼ oignon
- 1 petite gousse d'ail
- 2 c. à s. d'huile d'olive
- ½ c. à s. de vinaigre de xérès
- 1 petite pincée de piment d'Espelette
- Sel, poivre

Gaspacho andalou

Une soupe froide idéale pour les déjeuners d'été sur le pouce. Vous pouvez même la verser dans une bouteille en verre hermétique pour l'emporter partout.

1 Incisez les tomates en croix sur le dessus, puis plongez-les 20 s dans de l'eau bouillante. Retirez la peau et les pépins.

2 Pelez les poivrons, enlevez les pépins et les extrémités, puis coupez-les en lamelles. Épluchez le demi-concombre, coupez-le en deux et retirez les pépins à l'aide d'une cuillère. Coupez-le en morceaux. Épluchez le quart d'oignon et coupez-le en morceaux. Épluchez l'ail et écrasez-le avec le plat d'un couteau.

3 Mettez tous les légumes dans un blender, ajoutez l'huile d'olive, le vinaigre et le piment d'Espelette, salez et poivrez. Mixez, puis entreposez au frais au moins 2 h.

CRYSTAL SUGAR

POUR
2 PORTIONS
PRÉPARATION
10 MIN
CUISSON
5 MIN

300 g de semoule

250 g de tomates cerises

½ concombre

1 boîte de pois chiches (poids net égoutté : 265 g)

Sauce vinaigrette au citron (voir p. 11)

1 boîte de maquereaux (poids net égoutté : 180 g)

Salade de semoule, maquereaux

1 Faites cuire la semoule selon les indications du paquet, puis laissez refroidir.

2 Pendant ce temps, lavez les tomates cerises, coupez-les en deux. Lavez le demi-concombre, puis fendez-le et coupez-le en dés. Égouttez les pois chiches et rincez-les.

3 Mettez les tomates, les dés de concombre et les pois chiches dans un saladier, puis versez la vinaigrette au citron et mélangez.

4 Ajoutez la semoule, mélangez le tout. Dégustez avec 1 ou 2 filets de maquereaux.

POUR
6 MUFFINS
PRÉPARATION
15 MIN
CUISSON
16 MIN

- 3 bananes
- 100 g de beurre
- 150 g de sucre
- 2 œufs
- 150 g de farine
- ½ sachet de levure
- 5 cl de lait
- 50 g de chocolat noir (env. 6 carrés)

Muffins au chocolat
et à la banane

1 Préchauffez le four à 200 °C. Pelez les bananes et écrasez-en deux à l'aide d'une fourchette dans un bol. Coupez la troisième banane en tranches et réservez-la.

2 Faites fondre le beurre au four à micro-ondes. Mélangez le sucre et les œufs dans un saladier à l'aide d'un fouet, puis incorporez le beurre fondu, les bananes écrasées et mélangez bien. Rassemblez la farine et la levure, puis ajoutez-les au mélange précédent et mélangez jusqu'à obtenir une préparation homogène. Versez le lait.

3 Répartissez l'appareil dans les empreintes d'un moule à muffins, aux deux tiers de la hauteur. Ajoutez 1 carré de chocolat ainsi que quelques tranches de banane sur le dessus de chaque muffin. Enfournez et faites cuire pendant 16 min. Sortez du four et laissez refroidir.

Astuce anti-gaspi

Sachez que les peaux des bananes peuvent être employées comme fertilisant pour les plantes : faites-les tremper plusieurs jours dans de l'eau, puis utilisez cette dernière pour arroser vos plantes en pots.

POUR
9 À 12 CARRÉS
PRÉPARATION
15 MIN
CUISSON
35 MIN

Sablé

120 g de beurre salé à température ambiante

30 g de sucre

130 g de farine

Crème au citron

3 citrons

2 œufs

200 g de sucre

30 g de farine

Carrés citronnés

Terminer un déjeuner par une note aussi sucrée qu'acidulée est toujours une bonne idée. Ces « carrés », qui se préparent littéralement en deux temps, trois mouvements, seront aussi parfaits pour un goûter gourmand.

Sablé

1 Préchauffez le four à 180 °C. Dans un grand bol, mélangez le beurre et le sucre quelques secondes à l'aide d'une fourchette. Ajoutez la farine et travaillez le tout à la main.

2 Tapissez le fond d'un plat avec cette pâte de manière à obtenir un rendu uniforme. Enfournez pour 10 min.

Crème au citron

3 Pendant ce temps, râpez un citron et récupérez le zeste dans un petit récipient. Pressez les 3 citrons afin d'en récupérer le jus. Dans un cul-de-poule, mélangez les œufs et le sucre, puis ajoutez le jus de citron, le zeste râpé et la farine.

4 Sortez la pâte précuite du four, versez la crème au citron par-dessus et enfournez de nouveau pour 25 min.

5 Laissez refroidir et coupez le tout en carrés, en fonction des portions que vous souhaitez obtenir. Conservez dans un récipient hermétique.

POUR
8 GAUFRES
PRÉPARATION
10 MIN
CUISSON
2 MIN

- 1 œuf entier
- 150 g de farine
- 8 g de levure chimique
- 10 g de miel
- 2 g de sel fin
- Le zeste de 1 citron vert
- 20 cl de lait
- 2 blancs d'œufs
- Huile neutre

Gaufres légères

La gaufre est très pratique à emporter partout, pour un dessert sur le pouce ou une pause goûter. Vous pouvez bien évidemment parfumer vos gaufres selon vos goûts en ajoutant des épices ou des zestes d'agrumes à la pâte.

1 Dans un saladier, battez l'œuf jusqu'à ce qu'il ait une consistance mousseuse. Incorporez la farine, la levure, le miel et le sel. Ajoutez le zeste de citron vert râpé. Fouettez l'appareil jusqu'à ce qu'il soit lisse, puis délayez-le avec le lait.

2 Montez les blancs d'œufs en neige à l'aide d'un batteur électrique ou dans un robot pâtissier, puis incorporez-les délicatement à l'appareil précédent avec une maryse. Réservez.

3 Faites fortement chauffer un appareil à gaufres, puis huilez-le légèrement. Répartissez un peu de pâte au centre de chaque moule, refermez et laissez cuire 2 min environ, jusqu'à l'obtention d'une couleur dorée. Procédez ainsi jusqu'à épuisement de la pâte.

4 Dégustez ces gaufres agrémentées de sucre glace, de miel ou de confiture.

Astuce anti-gaspi

Ne jetez surtout pas les jaunes d'œufs non utilisés dans cette recette. Gardez-les plutôt pour préparer une mayonnaise maison (voir p. 10). Ils peuvent également servir pour paner des ingrédients, comme les Croquettes de Babybel® (voir p. 24) par exemple.

POUR
4 À 6 PORTIONS
PRÉPARATION
10 MIN
CUISSON
15 MIN

6 pommes
10 c. à s. d'eau
4 c. à c. de sucre cassonade
2 c. à s. de miel
2 c. à c. d'extrait de vanille
2 pincée de mélange quatre-épices (facultatif)

Compote de pomme

La compote est le dessert idéal à emporter dans votre lunchbox. Vous pouvez la préparer à l'avance et la conserver dans un bocal hermétique facilement transportable. Vous n'aurez pas besoin de grand chose : des fruits, à varier selon vos envies ou la saison, un peu de sucre et de miel, et quelques épices.

1 Épluchez les pommes, puis retirez les trognons. Coupez la chair des pommes en morceaux.

2 Dans une casserole, faites-les revenir avec l'eau, le sucre et le miel. Ajoutez l'extrait de vanille. Laissez compoter 15 min.

3 Ajoutez le mélange quatre-épices si vous le souhaitez, puis laissez refroidir hors du feu. Conservez dans un pot en verre hermétiquement fermé et emportez la quantité souhaitée pour votre déjeuner.

Astuce anti-gaspi

La compote est la recette zéro déchet par excellence. Elle peut tout à fait être préparée avec des fruits un peu vieux ou abîmés, les sauvant ainsi de la poubelle.

Chapitre 3
comme un chef

RECETTE VEGGIE

POUR
10 SAMOUSSAS
PRÉPARATION
30 MIN
CUISSON
30 MIN

- 5 feuilles de brick
- 2 bottes d'épinards
- 2 oignons blancs
- 1 filet d'huile d'olive
- Coriandre
- 20 g de beurre
- 100 g de fromage frais
- Sel, poivre

Samoussas aux épinards et au fromage frais

1 Lavez les épinards et ciselez-les. Pelez, puis émincez les oignons. Faites revenir les oignons dans une cocotte avec un filet d'huile d'olive, puis ajoutez les épinards et laissez cuire à feu doux jusqu'à réduction. En fin de cuisson, ajoutez de la coriandre et assaisonnez. Laissez refroidir.

2 Préchauffez le four à 180 °C. Coupez 1 feuille de brick en deux dans la hauteur de manière à obtenir 2 demi-cercles. Badigeonnez le premier demi-cercle de beurre fondu à l'aide d'un pinceau, puis repliez la partie arrondie sur l'autre. Déposez 1 c. à s. d'épinards en bas de la feuille et ajoutez un peu de fromage frais. Pliez en forme de triangle en recouvrant la farce, de droite à gauche puis de gauche à droite. Soudez la dernière partie en rentrant l'excédent de brick à l'intérieur.

3 Répétez l'opération avec le second demi-cercle, puis avec les autres feuilles de brick.

4 Déposez les samoussas sur une plaque recouverte de papier cuisson. Enfournez et faites cuire 15 à 20 min.

POUR
4 PERSONNES
PRÉPARATION
20 MIN
CUISSON
30 MIN

1 rouleau de pâte feuilletée
200 g d'émincé de poulet
1 jaune d'œuf
1 c. à s. de lait
4 c. à s. de concentré de tomate
Une douzaine de tomates cerises
50 g de feta
Thym
Huile d'olive
Sel, poivre

Couronne feuilletée au poulet et à la tomate

Rien de tel qu'une couronne feuilletée pour un apéro qui en jette. Extrêmement facile à faire avec peu d'ingrédients, vous pouvez l'adapter à vos envies. Dans celle-ci, le poulet pourrait être retiré pour une version veggie.

1 Préchauffez le four à 190 °C. Faites chauffer 2 c. à s. d'huile d'olive dans une poêle sur feu moyen-vif, puis faites revenir les émincés de poulet pendant 1 min sans mélanger. Mélangez et prolongez la cuisson 1 min. Laissez le poulet refroidir, puis coupez-le en morceaux et réservez.

2 Disposez la pâte feuilletée sur une plaque recouverte de papier cuisson. À partir du centre, détaillez 8 triangles sur un diamètre de 12 cm à l'aide d'un couteau. Mélangez le jaune d'œuf et le lait et badigeonnez-en toute la surface de la pâte.

3 Étalez le concentré de tomate sur le pourtour en laissant le centre libre. Lavez les tomates cerises, coupez-les en deux et mettez-les face coupée vers le haut sur le concentré. Ajoutez la feta émiettée et du thym, arrosez d'un filet d'huile d'olive, puis salez.

4 Rabattez chaque triangle sur la garniture, en partant du centre. Vous devez obtenir une couronne. Badigeonnez les triangles avec le mélange jaune d'œuf-lait, puis parsemez de thym. Enfournez pour 25 min.

5 Ajoutez les morceaux de poulet entre les triangles, puis enfournez de nouveau pour 5 min. Laissez tiédir avant de servir.

RECETTE VEGGIE

POUR
4 PERSONNES

PRÉPARATION
15 MIN

CUISSON
1 MIN PAR BEIGNET

REPOS
30 MIN

- 2 courgettes
- 1 oignon nouveau
- 250 g de farine
- 8 g de levure chimique
- 20 cl de lait
- 2 œufs
- 100 g de parmesan râpé
- Huile de friture
- Sel, poivre

Beignets de courgette au parmesan

1 Lavez les courgettes et râpez-les. Égouttez-les en les pressant dans un torchon pour retirer l'excédent d'eau. Ciselez l'oignon nouveau.

2 Dans un saladier, mélangez la farine avec la levure, du sel, du poivre, puis versez le lait et ajoutez les œufs. Ajoutez le parmesan râpé, l'oignon nouveau ciselé et les courgettes râpées. Mélangez le tout et laissez reposer la pâte 30 min au réfrigérateur.

3 Portez l'huile de friture à 190 °C dans une friteuse. Plongez 1 c. à s. de pâte dans l'huile et répétez l'opération jusqu'à épuisement de la pâte. Laissez frire les beignets durant 1 min, puis déposez-les sur du papier absorbant pour retirer l'excédent d'huile. Servez immédiatement avec une sauce blanche.

Astuce

Si vous n'avez pas de friteuse, faites chauffer l'huile de friture dans un grand faitout à bords assez hauts et faites-y cuire les beignets.

POUR
6 PERSONNES
PRÉPARATION
10 MIN
CUISSON
30 MIN
REPOS
2 H

- 45 cl d'eau tiède
- 2 c. à c. de levure de boulanger sèche
- 1 c. à s. de sucre
- 3 c. à s. d'huile d'olive
- 550 g de farine T55
- 1 c. à s. de gros sel
- 2 gousses d'ail
- Sel

Focaccia à l'ail

La focaccia, ici très simple, peut être agrémentée de divers ingrédients en fonction de vos envies ou de la saison. Une fois que la recette de la pâte est maîtrisée, le reste n'est qu'affaire de créativité. Composez avec les herbes et les aromates de votre choix, ajoutez des tomates cerises, des oignons rouges, des olives, etc. Les possibilités sont infinies !

1 Mettez l'eau tiède, la levure, le sucre, 1 c. à s. d'huile d'olive, la farine et le gros sel dans un bol et pétrissez à la main pendant 5 à 10 min.

2 Recouvrez le bol de film plastique ou d'un torchon. Laissez reposer au moins 1 h 30, jusqu'à ce que la pâte ait doublé de volume et que des bulles d'air se soient formées à la surface.

3 Badigeonnez un moule rectangulaire d'huile. Placez la pâte dans le moule, puis étirez-la doucement vers les coins. Laissez reposer 30 min supplémentaires.

4 Préchauffez le four à 210 °C. Pelez l'ail et émincez-le finement. Mélangez-le avec le reste d'huile d'olive et du sel. Arrosez le dessus de la focaccia d'huile d'olive et créez des creux dans la pâte avec vos doigts. Enfournez pendant 30 min. Démoulez et laissez reposer sur une grille. Détaillez en carrés.

POUR
6 PERSONNES

PRÉPARATION
10 MIN

CUISSON
15 MIN

- 1 rouleau de pâte feuilletée
- 1 courgette
- 1 petit pot de pesto vert ou rouge (de 90 g environ)
- 1 fromage frais au choix (bleu, chèvre frais, ricotta, etc.)
- Quelques tomates cerises (facultatif)
- Poivre

RECETTE VEGGIE · RECETTE VEGGIE ·

Feuilletés garnis

Garnir une pâte feuilletée est une super alternative à la pizza ou à la quiche. Vous pouvez y mettre ce qui vous passe sous la main en gardant en tête qu'il vous faut au moins ces trois éléments : une sauce, un légume coupé finement et du fromage.

1 Préchauffez le four à 200 °C. Étalez la pâte feuilletée sur une plaque recouverte de papier cuisson, puis détaillez-la en forme de barquettes ou de rectangles. Tracez le contour de chaque part à 1 cm du bord : cela permet de définir une croûte qui va lever à la cuisson.

2 Lavez la courgette et coupez-la en rondelles le plus finement possible. Vous pouvez utiliser une mandoline si vous en avez une.

3 Étalez le pesto sur chacune des parts de pâte feuilletée et ajoutez les tranches de courgette, le fromage en morceaux et, éventuellement, les tomates cerises.

4 Enfournez pour 15 min, puis mettez un petit coup de gril à la dernière minute pour que le fromage prenne une belle couleur dorée. Sortez les feuilletés du four, poivrez et dégustez chaud.

RECETTE VEGGIE · RECETTE VEGGIE

POUR
4 PERSONNES
PRÉPARATION
20 MIN
CUISSON
40 MIN

2 poivrons rouges
1 poivron jaune
1 gousse d'ail
1 c. à s. d'herbes de Provence
200 g de chèvre frais
2 c. à s. de basilic ciselé
10 feuilles de brick
Huile d'olive
Sel, poivre

Briouates aux poivrons et au chèvre frais

1 Lavez les poivrons, séchez-les, coupez-les en deux et retirez les graines. Émincez-les en petits morceaux. Pelez l'ail et râpez-le finement.

2 Dans une sauteuse, faites revenir les poivrons avec l'ail et un peu d'huile d'olive pendant 20 min environ, jusqu'à ce qu'ils soient tendres. Salez, poivrez et ajoutez des herbes de Provence.

3 Préchauffez le four à 200 °C. Dans un bol, fouettez le chèvre frais, puis ajoutez les poivrons et le basilic ciselé. Mélangez le tout.

4 Coupez 1 feuille de brick en deux dans la hauteur de manière à obtenir 2 demi-cercles. Badigeonnez le premier demi-cercle d'huile à l'aide d'un pinceau, puis repliez la partie arrondie sur l'autre. Déposez 1 c. à s. de la farce aux poivrons en bas de la feuille. Pliez en forme de triangle en recouvrant la farce, de droite à gauche puis de gauche à droite. Soudez la dernière partie en rentrant l'excédent de brick à l'intérieur. Répétez l'opération avec le second demi-cercle, puis avec les autres feuilles de brick.

5 Disposez les briouates sur une plaque de cuisson, enfournez et faites cuire 15 à 20 min jusqu'à ce que le tout soit bien doré. Dégustez immédiatement.

POUR
4 À 6 PERSONNES
PRÉPARATION
20 MIN
CUISSON
40 MIN

- 350 g de pois cassés
- 1 cube de bouillon de légumes
- 6 gousses d'ail
- 1 oignon rouge
- 2 c. à s. d'huile d'olive
- 1 c. à c. de cumin moulu
- 1 c. à c. de paprika
- 1 c. à c. de sel
- ½ c. à c. de poivre

Soupe de pois cassés

1 Dans une casserole, portez à ébullition 1 l d'eau et le cube de bouillon. Ajoutez les pois cassés et laissez cuire 30 min en remuant régulièrement.

2 Pelez l'ail et hachez-le. Pelez, puis émincez l'oignon rouge. Ajoutez-les dans la casserole avec l'huile d'olive, les épices, le sel et le poivre. Poursuivez la cuisson pendant 10 min.

3 Prélevez quelques louches de jus de cuisson et réservez-le. Filtrez le reste de la préparation et mixez les pois cassés pour obtenir un velouté. Selon la consistance souhaitée, ajoutez de l'eau de cuisson prélevée au préalable.

4 Servez bien chaud avec un filet d'huile d'olive, une pincée de cumin et des croûtons de pain.

Astuce petit budget

N'achetez pas de croûtons en sachet, faites-les plutôt maison avec 2 tranches de pain (de la veille si possible). Coupez-les en morceaux et faites-les revenir avec de l'huile d'olive dans une poêle.

POUR
4 PERSONNES
PRÉPARATION
10 MIN
CUISSON
6 MIN
REPOS
5 À 8 H + 20 MIN

300 à 400 g de crevettes crues surgelées décortiquées

1 gousse d'ail

3 c. à s. de miel

2 c. à s. de sauce soja

1 c. à c. de gingembre moulu

2 c. à s. d'huile d'olive

Crevettes au miel et au gingembre

1 Sortez les crevettes surgelées de leur sachet et laissez-les décongeler au réfrigérateur pendant 5 à 8 h.

2 Rincez-les sous l'eau froide et réservez.

3 Pelez l'ail et hachez-le finement. Versez le miel et la sauce soja dans un sac congélation, puis ajoutez l'ail et le gingembre moulu. Mettez-y les crevettes, refermez bien le sachet et laissez mariner au frais pendant 20 min.

4 Récupérez les crevettes et conservez le jus de la marinade dans le sachet. Faites-les cuire environ 5 min dans une poêle avec l'huile d'olive, en les retournant régulièrement. En fin de cuisson, ajoutez le jus de marinade et faites revenir le tout 1 min supplémentaire.

5 Dégustez ces crevettes avec du riz ou des nouilles de riz par exemple.

CONSEIL

Si vous vivez en bord de mer, vous trouverez peut-être des crevettes fraîches à moindre coût. Dans ce cas, décortiquez-les avant de passer à l'étape de marinade.

RECETTE VÉGANE

POUR
6 PERSONNES

PRÉPARATION
20 MIN

CUISSON
30 MIN

500 g de tomates pelées

2 poivrons rouges

2 oignons

1 carotte

2 branches de céleri

1 c. à s. d'huile d'olive

Paprika fumé, cumin, chili en poudre

300 g de haricots rouges cuits en conserve

Une petite boîte de maïs

Coriandre

1 avocat (facultatif)

Sel

Chili sin carne

1 Coupez les tomates pelées en morceaux. Lavez les poivrons, épépinez-les et coupez-les en fines lanières. Pelez les oignons, ciselez-les. Épluchez la carotte, coupez-la en deux dans la longueur, puis en petits morceaux. Lavez les branches de céleri, émincez-les.

2 Faites chauffer l'huile d'olive dans une cocotte et faites revenir les oignons. Ajoutez tous les légumes, puis les épices. Mélangez et laissez cuire à feu moyen pendant 20 min. Ajoutez les haricots rouges et le maïs, mélangez et laissez cuire 10 min supplémentaires.

3 Agrémentez de coriandre et, éventuellement, de quelques dés d'avocat, puis servez avec du riz.

POUR
4 PERSONNES
PRÉPARATION
15 MIN
CUISSON
15 MIN

250 g de farine T45
1 pincée de sel
5 cl d'huile
15 cl d'eau tiède
2 oignons
100 g de fromage blanc
20 cl de crème fraîche épaisse
Noix de muscade râpée (facultatif)
200 g de lardons fumés
Sel, poivre

Flammekueche

La flammekueche, aussi connue sous le nom de « tarte flambée », est une spécialité de la cuisine alsacienne. La version proposée ici est la recette traditionnelle, avec des oignons et des lardons. Il est toutefois possible d'adapter la garniture et d'en faire, pourquoi pas, une tarte flambée végétarienne avec des champignons.

1 Préchauffez le four à 220 °C. Versez la farine et le sel dans un saladier. Mélangez, puis ajoutez l'huile et l'eau tiède progressivement, en pétrissant à la main jusqu'à ce qu'une boule se forme.

2 Farinez-la, divisez-la en 2 parts égales, puis étalez-les au rouleau sur du papier cuisson pour obtenir 2 disques d'environ 25 cm de diamètre. Formez un léger rebord.

3 Épluchez les oignons, puis ciselez-les. Mélangez le fromage blanc et la crème fraîche. Poivrez et salez à votre goût, puis agrémentez éventuellement d'un peu de noix de muscade râpée.

4 Étalez ce mélange sur la pâte, puis répartissez dessus les oignons et les lardons. Enfournez pour 10 min, puis terminez la cuisson au gril pendant 5 min.

Variante

Si vous préférez une pâte plus moelleuse, vous pouvez opter pour une pâte à pizza faite maison (voir p. 11) ou achetée dans le commerce.

ASTUCE

Si vous avez un robot pâtissier, utilisez-le muni de la feuille pour faire la pâte, vous gagnerez du temps.

RECETTE VEGGIE · RECETTE VEGGIE

POUR
6 PERSONNES
PRÉPARATION
5 MIN
CUISSON
45 MIN

- 500 g de riz arborio
- 1,5 l d'eau
- 1 cube de bouillon de légumes
- 2 oignons
- 2 blancs de poireau
- 1 filet d'huile d'olive
- 10 cl de vin blanc sec
- 60 g de beurre
- 100 g de parmesan râpé
- Sel, poivre

Risotto au poireau

L'avantage du risotto, c'est qu'on peut y mettre un peu ce qu'on veut et tester plein d'arrangements différents. Voici une bonne base pour vous faire la main, libre à vous ensuite de l'accommoder comme bon vous semble.

1 Portez l'eau à frémissement avec le cube de bouillon de légumes dans une grande casserole. Pendant ce temps, pelez les oignons et émincez-les. Retirez les premières feuilles des blancs de poireau et coupez-les en rondelles. Réservez.

2 Faites revenir les oignons à feu moyen avec un filet d'huile d'olive dans un grand wok ou une grande poêle à bords hauts. Ajoutez le riz et remuez sans arrêt, jusqu'à ce que les grains deviennent légèrement translucides. Versez le vin blanc et remuez.

3 Ajoutez les poireaux, puis arrosez d'une louche de bouillon. Laissez cuire sur feu moyen en mélangeant régulièrement et en ajoutant 1 à 2 louches de bouillon chaque fois que le liquide est absorbé, jusqu'à ce que le risotto ait la texture parfaite, crémeuse et légèrement ferme. Il vous faudra peut-être allonger le bouillon d'un peu d'eau en fin de cuisson.

4 Lorsque le risotto vous paraît prêt, éteignez le feu et ajoutez le beurre ainsi que le parmesan. Mélangez bien et assaisonnez selon votre goût.

Astuce anti-gaspi

S'il vous reste du risotto, utilisez-le pour préparer des arancini (voir p. 18).

RECETTE VEGGIE · RECETTE VEGGIE ·

POUR
4 PERSONNES
PRÉPARATION
10 MIN
CUISSON
45 MIN À 1 H

- 1 grosse courge butternut
- 2 c. à s. d'huile d'olive
- 2 pincées de gros sel
- Laurier, thym, romarin (ou aromates de votre choix)
- Un peu de beurre pour la fin de la cuisson (facultatif)

Butternut rôtie façon hasselback

Les légumes rôtis, et notamment les courges, sont de formidables alliés pour composer des repas riches en fibres avec très peu d'ingrédients. Réconfort et vitalité assurés.

1 Préchauffez le four à 200 °C et recouvrez une plaque de papier cuisson. Coupez la butternut en deux et videz-la de sa pulpe et de ses graines. Épluchez-la, puis disposez-la face intérieure à plat contre le papier cuisson. Malaxez-la avec l'huile d'olive et enfournez pour 15 min.

2 Sortez la butternut du four et laissez-la refroidir 2 min sur une planche. Taillez chaque moitié à la façon hasselback, c'est-à-dire en réalisant de fines tranches dans la chair sans aller jusqu'au bout afin de ne pas les détacher complètement.

3 Badigeonnez de nouveau d'un peu d'huile d'olive et répartissez le grol sel et les aromates entre les tranches. Enfournez pour 25 min supplémentaires. Si vous le souhaitez, ajoutez quelques noix de beurre sur la courge, avant de finir la cuisson en position gril pendant 5 min.

4 Pendant que la courge cuit, vous pouvez préparer un accompagnement : elle sera excellente avec une salade de lentilles vertes, de la roquette et de la feta, par exemple.

Astuce

Pour vous aider dans la découpe hasselback, vous pouvez mettre une baguette de chaque côté de la courge afin de bloquer la lame du couteau avant qu'elle ne touche la planche.

POUR
4 PERSONNES
PRÉPARATION
10 MIN
CUISSON
45 MIN

Endives

8 endives
4 tranches de truite fumée
Béchamel (voir p. 10)
80 g de gruyère râpé

Endives à la truite fumée

1 Coupez la base des endives et lavez-les sous l'eau froide. Faites-les cuire entières à la vapeur pendant 20 min.

2 Préchauffez le four à 180 °C. Coupez les tranches de truite fumée en deux et enveloppez chaque endive d'une demi-tranche.

3 Placez le tout dans un plat allant au four, versez la béchamel et saupoudrez de gruyère râpé. Enfournez et faites cuire 25 min en faisant gratiner sous le gril les 10 dernières minutes. Servez immédiatement.

POUR
4 PERSONNES

PRÉPARATION
15 MIN

CUISSON
10 MIN

REPOS
4 À 5 H

- 4 filets de lieu surgelés
- 600 g de pommes de terre Bintje ou Agria
- 100 g de jaunes d'œufs
- 100 g de chapelure
- Sauce tartare (voir p. 10)
- Huile de friture
- Sel, poivre

Fish & chips

1 Déposez les filets de poisson surgelés sur une assiette, couvrez-les et laissez-les décongeler 4 à 5 h au réfrigérateur.

2 Préparez les frites. Pelez les pommes de terre, puis coupez-les en bâtonnets plutôt fins. Plongez-les dans une friteuse à 150 °C pendant 8 min, puis retirez-les et laissez-les reposer.

3 Pendant ce temps, battez les jaunes d'œufs avec du sel, puis versez dans une assiette creuse. Dans une seconde assiette, versez la chapelure. Plongez les filets de poisson dans les jaunes battus, puis dans la chapelure. Réservez.

4 Plongez les frites dans la friteuse pour un second bain à 190 °C pendant 2 à 3 min, jusqu'à ce qu'elles soient bien dorées.

5 Au dernier moment, faites cuire les filets de poisson dans la friteuse ou dans une casserole avec de l'huile chauffée à 190 °C, jusqu'à ce qu'ils soient bien dorés.

6 Servez les fish & chips accompagnés de sauce tartare.

Astuce anti-gaspi

Ne jetez pas les blancs d'œufs non utilisés dans cette recette. Rendez-vous plutôt p. 17 pour trouver une idée pour les recycler.

RECETTE VEGGIE

POUR
6 BURGERS

PRÉPARATION
30 MIN

CUISSON
30 MIN

Steak de haricots noirs

400 g de haricots noirs, égouttés, rincés et séchés

½ oignon

½ poivron vert

Le jus de 1 citron vert

1 c. à s. d'huile d'olive

1 c. à c. de paprika fumé

1 c. à c. de cumin moulu

1 c. à s. de flocons d'avoine

Sel, poivre

Burgers

6 pains à burger

Sauce tartare (voir p. 10)

Quelques feuilles de roquette

2 oignons confits

Veggie burgers

Une version 100 % veggie du burger où la viande est remplacée par un steak fait maison à base de haricots noirs. Plus inclusif, plus économique, et tout aussi délicieux !

Steak de haricots noirs

1 Préchauffez le four à 180 °C. Pelez l'oignon et hachez-le. Lavez le poivron vert et épépinez-le. Coupez-le en lamelles, puis en petits morceaux.

2 Mettez l'oignon et le poivron dans un robot mixeur et ajoutez les haricots noirs, le jus de citron, l'huile d'olive, les épices et les flocons d'avoine. Salez et poivrez. Mixez jusqu'à l'obtention d'une purée dans laquelle il reste des morceaux.

3 Huilez vos mains et formez des galettes. Placez-les sur une plaque recouverte de papier cuisson. Enfournez pour 30 min en prenant soin de retourner délicatement les steaks à mi-cuisson.

Burgers

4 Coupez les pains à burger en deux et tartinez-les de sauce tartare. Déposez un lit de roquette sur la base des pains, déposez les steaks de haricots, puis surmontez-les de quelques lamelles d'oignons confits et d'un peu de roquette. Ajoutez de la sauce tartare à votre convenance et refermez les burgers. Servez sans attendre.

RECETTE VEGGIE

POUR
4 PERSONNES

PRÉPARATION
20 MIN

CUISSON
40 MIN

- 1 pâte brisée maison (voir p. 11) ou du commerce
- 1 aubergine
- 2 gousses d'ail
- 2 c. à s. de miel
- 1 c. à c. de vinaigre balsamique
- 100 g de tomates cerises
- Huile d'olive
- Herbes de Provence
- Sel, poivre

Tarte tatin
d'aubergines

1 Lavez l'aubergine, puis coupez-la en lamelles sans retirer la peau. Pelez et émincez l'ail, puis faites-le revenir dans une sauteuse avec 1 filet d'huile d'olive. Ajoutez les lamelles d'aubergine et faites-les griller de chaque côté en les retournant de temps en temps. Ajoutez 1 c. à s. de miel afin de faire caraméliser. Laissez cuire 10 min.

2 Préchauffez le four à 200 °C. Dans un plat rond allant au four, versez 1 filet d'huile, 1 c. à s. de miel et le vinaigre balsamique, étalez au pinceau pour recouvrir tout le fond du plat. Ajoutez des herbes de Provence, du sel et du poivre.

3 Coupez les tomates cerises en deux et déposez-les dans le plat, face coupée vers le haut. Disposez les rondelles d'aubergine par-dessus, assaisonnez et ajoutez des herbes de Provence à nouveau.

4 Si vous optez pour une pâte brisée maison, étalez-la sur un plan de travail fariné. Déposez délicatement la pâte dans le plat, sur les légumes, et rabattez les bords vers l'intérieur (si besoin, coupez l'excédent). Piquez à plusieurs endroits avec un couteau, puis enfournez et faites cuire 30 min.

5 Laissez la tarte refroidir 5 min, puis retournez-la d'un geste vif sur une assiette et dégustez immédiatement avec une salade.

RECETTE VEGGIE

POUR
4 PERSONNES

PRÉPARATION
20 MIN

CUISSON
35 MIN

- 300 g de riz arborio
- 1 l de bouillon de légumes
- 1 oignon jaune
- 1 noisette de beurre
- 1 c. à s. de vin blanc
- 300 g de petits pois frais
- 1 citron jaune
- 70 g de parmesan râpé

Risotto aux petits pois et au citron

1 Faites chauffer le bouillon de légumes dans une casserole. Pelez l'oignon et émincez-le finement.

2 Faites fondre un peu de beurre dans une sauteuse et faites-y revenir l'oignon pendant 4 à 5 min. Versez le riz et faites-le revenir jusqu'à ce qu'il soit translucide.

3 Déglacez avec le vin blanc, puis recouvrez avec les trois quarts du bouillon de légumes. Mélangez, couvrez et laissez cuire à feu moyen-doux pendant 25 min environ. Si besoin, ajoutez un peu de bouillon.

4 Pendant ce temps, écossez les petits pois. Râpez le zeste du citron, puis pressez-le pour en récupérer le jus. Après les 25 min de cuisson du riz, ajoutez les petits pois et le reste du bouillon, mélangez et poursuivez la cuisson 5 min à couvert.

5 Ajoutez le jus et le zeste de citron, puis le parmesan râpé, mélangez et servez immédiatement.

POUR
4 PERSONNES

PRÉPARATION
10 MIN

CUISSON
45 MIN

- 350 g de spaghetti
- 1 oignon jaune
- 3 gousses d'ail
- 1 filet d'huile d'olive
- 400 g de concassé de tomate
- 500 g de sauce tomate
- 200 g de lentilles vertes
- 40 cl d'eau
- Parmesan râpé (facultatif)
- Sel, poivre

Spaghetti à la bolognaise de lentilles

1 Pelez l'oignon et l'ail, émincez-les finement. Faites revenir l'oignon dans une sauteuse avec un filet d'huile d'olive pendant 4 min. Ajoutez l'ail et poursuivez la cuisson 3 min.

2 Versez le concassé de tomate, la sauce tomate et les lentilles, puis couvrez d'eau. Salez et poivrez, puis mélangez et portez à ébullition. Baissez le feu et laissez mijoter à couvert et à feu moyen pendant 20 à 25 min, jusqu'à ce que les lentilles soient cuites.

3 Pendant ce temps, faites cuire les spaghetti selon les indications du paquet.

4 Égouttez-les et répartissez-les dans des assiettes creuses. Servez la bolognaise de lentilles sur les spaghetti, ajoutez du parmesan râpé si vous le souhaitez et dégustez sans attendre.

POUR
4 PERSONNES
PRÉPARATION
10 MIN
CUISSON
1 H 30
REPOS
1 H

1 poulet fermier et bio d'environ 1,5 kg
70 g de beurre
Herbes aromatiques (thym, romarin, etc.)
2 gousses d'ail
1 verre d'eau
Sel, poivre

Poulet rôti

Ah le fameux « poulet du dimanche » ! Celui qui a bercé toute notre enfance et qu'on prend toujours plaisir à déguster lors du déjeuner dominical. Servez-le, par exemple, avec des petites pommes de terre à faire cuire dans le même plat.

1 Sortez le poulet du réfrigérateur au moins 1 h avant sa préparation pour qu'il retrouve une température ambiante.

2 Préchauffez le four à 210 °C. Placez le poulet dans un plat allant au four. Coupez le beurre en petits morceaux et déposez-en sur toute la surface de la volaille, sans oublier les cuisses et les ailes pour les rendre encore plus tendres et moelleuses.

3 Insérez les herbes aromatiques à l'intérieur du poulet. Pelez les gousses d'ail et insérez-les entre les cuisses et le corps. Salez et poivrez à votre convenance.

4 Versez l'équivalent d'un petit verre d'eau dans le fond du plat. Enfournez pour 1 h 30 environ, selon la taille du poulet. Vérifiez fréquemment sa cuisson en n'oubliant pas de l'arroser généreusement.

Astuce anti-gaspi

Ne jetez pas la carcasse du poulet après l'avoir mangé ! Conservez-la plutôt pour la confection d'un bouillon (voir p. 19).

POUR
6 PERSONNES
PRÉPARATION
30 MIN
CUISSON
1 H 10

4 poivrons rouges
1 oignon blanc
3 tomates
1 filet d'huile d'olive
2 c. à s. de concentré de tomate
1 c. à c. de cumin moulu
6 œufs
Persil

Chakchouka

Voici une recette devenue absolument incontournable ces dernières années. C'est un savant mélange de poivrons, de tomates et d'épices sans lequel il est désormais impossible d'imaginer un repas de famille.

1 Lavez et épépinez les poivrons. Coupez-les en fine julienne. Pelez l'oignon et émincez-le. Lavez les tomates, retirez le pédoncule et coupez-les grossièrement en morceaux.

2 Versez un filet d'huile d'olive dans une sauteuse, puis ajoutez les poivrons, l'oignon, les tomates, le concentré de tomate et le cumin. Laissez mijoter à feu très doux pendant 1 h.

3 À l'issue de la cuisson, creusez 6 petits nids dans la préparation, puis cassez les œufs dans chacun d'eux. Faites chauffer à feu doux pendant 10 min pour que les blancs d'œufs soient cuits mais que les jaunes restent coulants. Servez chaud, saupoudré de persil.

POUR

POUR 18 PASTEIS

PRÉPARATION

20 MIN

CUISSON

40 MIN

- 2 rouleaux de pâte feuilletée
- Un peu de beurre pour les moules
- 300 g de sucre
- 10 cl d'eau
- 2 œufs entiers
- 6 jaunes d'œufs
- 2 c. à s. de farine
- 50 cl de lait
- 2 c. à c. de cannelle en poudre (facultatif)
- 2 c. à c. de sucre glace (facultatif)

Pastéis de nata

La pâtisserie incontournable du Portugal ! Souvent enviée, la vraie recette n'est jamais dévoilée. En voici toutefois une version plus que satisfaisante qui impressionnera sûrement vos invités.

1 Préchauffez le four à 250 °C. Beurrez 18 moules individuels ronds de type moules à muffins et réservez-les.

2 Étalez la pâte feuilletée et humidifiez-la avec de l'eau à l'aide d'un pinceau. Détaillez des disques de pâte d'un diamètre supérieur à celui des moules afin de prendre en compte la hauteur du bord. Foncez les moules avec les disques, côté humide vers l'extérieur, en faisant bien adhérer la pâte. Réservez.

3 Faites chauffer le sucre et l'eau dans une casserole en remuant jusqu'à obtenir un sirop, puis retirez du feu et réservez. Battez les œufs entiers avec les jaunes dans un saladier à l'aide d'un fouet. Mettez la farine à dissoudre dans le lait, puis versez le tout dans les œufs battus et mélangez avec une spatule. Ajoutez également le sirop et faites chauffer la préparation au bain-marie pendant 10 min sans cesser de remuer.

4 Retirez la crème du feu et répartissez-la dans les fonds de pâte. Enfournez-les pour 25 min, jusqu'à l'obtention d'une belle coloration dorée. Laissez les pasteis refroidir avant de les démouler. Servez-les à peine tièdes, ou froids, et saupoudrez-les de cannelle et/ou de sucre glace selon votre goût.

Astuce anti-gaspi

Ne jetez pas les blancs d'œufs inutilisés ici, faites-en plutôt des financiers (voir p. 17).

POUR
8 COULANTS

PRÉPARATION
10 MIN

CUISSON
10 MIN

240 g de chocolat noir à 70 % de cacao

150 g de beurre + un peu pour les moules

7 œufs

1 pincée de sel

30 g de farine

Coulants au chocolat

1 Préchauffez le four à 180 °C. Faites fondre le chocolat avec le beurre dans une casserole ou au-dessus d'un bain-marie.

2 Fouettez les œufs avec le sel et la farine. Ajoutez le chocolat fondu et mélangez délicatement afin de bien l'incorporer.

3 Beurrez des moules individuels et garnissez-les de cet appareil. Enfournez pour 8 min de cuisson environ.

4 Laissez les coulants tiédir 1 min avant de les démouler, et dégustez-les encore chauds.

POUR
8 PERSONNES

PRÉPARATION
15 MIN

CUISSON
1 H

REPOS
12 H

100 g de biscuits (spéculoos ou shortbreads)

35 g de beurre

600 g de cream cheese

150 g de crème fraîche épaisse

180 g de sucre

10 cl de lait demi-écrémé

3 œufs

1 c. à s. bombée de farine T45 (25 g)

1 citron

Cheesecake au citron

On ne présente plus le cheesecake, ce dessert si simple et pourtant si bon. Cette version est idéale pour terminer un repas de fête ou un dîner entre amis. Attention, n'oubliez pas d'anticiper, car c'est un gâteau qui a besoin de beaucoup de repos au frais.

1 La veille du jour de dégustation, préchauffez le four à 150 °C. Concassez les biscuits, puis mettez-les dans un saladier. Faites fondre le beurre, versez-le sur les biscuits et mélangez.

2 Tassez l'appareil obtenu au fond d'un moule à charnière assez profond de 20 cm de diamètre, puis réservez au réfrigérateur.

3 Dans un saladier, mettez le cream cheese, la crème fraîche et le sucre. Ajoutez le lait, puis les œufs un par un en continuant de fouetter. Ajoutez enfin la farine, le zeste et le jus du citron. Mélangez encore 1 min, puis versez la préparation dans le moule sur le fond de biscuit.

4 Enfournez pour 1 h de cuisson, puis laissez refroidir dans le four éteint jusqu'au complet refroidissement.

5 Couvrez de film alimentaire, puis laissez reposer au réfrigérateur 12 h avant la dégustation.

Conseil

Vous pouvez servir ce cheesecake accompagné d'un coulis de fruits de votre choix.

POUR
4 PERSONNES
PRÉPARATION
15 MIN
CUISSON
5 MIN
REPOS
2 H

10 kiwis
2 feuilles de gélatine
60 cl de crème liquide
1 c. à c. de sucre
Le jus de ½ citron

Panna cotta au kiwi

Cette panna cotta au kiwi est assez audacieuse. Vous pouvez bien sûr l'adapter comme bon vous semble et remplacer le kiwi par un autre fruit en fonction de vos goûts et de la saison.

1 Faites ramollir la gélatine dans un bol d'eau froide pendant 10 min.

2 Pendant ce temps, dans une casserole, faites bouillir la crème liquide. Retirez la crème du feu lorsqu'elle bout, ajoutez la gélatine et mélangez bien. Mixez au mixeur plongeant afin d'obtenir une crème bien lisse.

3 Répartissez la préparation dans des ramequins ou des verrines, puis placez au réfrigérateur pendant 2 h au moins.

4 Pelez les kiwis. Faites-en compoter la moitié dans une casserole avec le sucre et le jus de citron. Coupez l'autre moitié en petits dés ou en tranches. Déposez la compotée de kiwis sur la crème dans les ramequins, puis disposez les morceaux de kiwis frais.

POUR **4 PERSONNES**	2 grandes tasses de café expresso
	3 cl d'amaretto
PRÉPARATION **15 MIN**	12 biscuits à la cuillère
	3 œufs
REPOS **3 H**	250 g de mascarpone
	35 g de sucre cassonade
	20 g de cacao amer en poudre

Tiramisu léger

Le tiramisu n'est pas connu pour être un dessert léger mais dans cette version, la quantité de sucre est réduite. Parfait pour terminer un repas entre amis !

1 Mélangez l'expresso et l'amaretto dans un bol. Imbibez-en les biscuits à la cuillère et disposez ces derniers côte à côte dans un plat.

2 Séparez les blancs des jaunes d'œufs. Mélangez les jaunes avec le mascarpone d'une part. D'autre part, montez les blancs en neige à l'aide d'un batteur électrique en incorporant le sucre cassonade progressivement pour obtenir une meringue bien froide.

3 Incorporez délicatement la meringue au mélange jaunes-mascarpone ; l'ensemble doit être bien mousseux.

4 Disposez la préparation sur les biscuits imbibés et mettez le tout au frais pour 3 h minimum. Sortez le tiramisu du réfrigérateur et saupoudrez-le de cacao juste avant la dégustation.

POUR
6 PERSONNES
PRÉPARATION
25 MIN
CUISSON
45 MIN

1 rouleau de pâte feuilletée
10 clémentines bio
30 g de beurre
40 g de sucre cassonade

Tarte aux clémentines

1 Préchauffez le four à 170 °C. Étalez la pâte feuilletée sur une plaque de cuisson et rabattez le bord sur tout le pourtour afin de former un petit trottoir.

2 Lavez les clémentines, puis coupez-les en deux sans en retirer la peau, dans le sens inverse des quartiers. Découpez-les en fines lamelles, toujours avec la peau. Disposez les tranches de clémentines en rosace sur la tarte.

3 Faites fondre le beurre et badigeonnez les clémentines de beurre fondu. Saupoudrez de cassonade. Enfournez pour 45 min de cuisson. Dégustez cette tarte tiède ou froide.

Chapitre

4

Fonds de Placard

RECETTE VÉGANE · RECETTE VÉGANE ·

POUR **6 PERSONNES**

PRÉPARATION **15 MIN**

CUISSON **15 MIN**

400 g de pois chiches (en boîte)
150 g de petits pois frais
1 gousse d'ail
3 c. à s. d'huile d'olive
Le jus de ½ citron
2 c. à c. de tahiné (facultatif)
Sel, poivre

Houmous de petits pois

Houmous signifiant « pois chiche » en arabe, parler de « houmous de pois chiches » est un pléonasme. Il n'empêche qu'en cuisine, ce mot est devenu synonyme de « dip de légumes » et c'est pourquoi on peut aujourd'hui déguster des houmous de betterave, de lentilles corail ou encore de basilic !

1 Passez les pois chiches sous l'eau et retirez la fine pellicule qui les recouvre.

2 Faites bouillir de l'eau et faites-y cuire les petits pois 15 min environ.

3 Pendant ce temps, pelez l'ail et dégermez-le. Dans un blender, mixez les pois chiches avec l'ail, l'huile d'olive, le jus de citron, les petits pois et, éventuellement, le tahiné. Salez et poivrez.

4 Servez avec un filet d'huile d'olive, accompagné de pain pita ou de pain grillé.

Astuce

Vous pouvez ajouter un peu d'eau pour rendre le houmous plus ou moins liquide, plus ou moins épais.

POUR
16 ŒUFS

PRÉPARATION
20 MIN

CUISSON
9 MIN

REPOS
30 MIN

8 œufs à température ambiante
1 mayonnaise maison (voir p. 10)
Ciboulette
Épices de votre choix (facultatif)

Œufs mimosa

Les œufs mimosa ont tout pour plaire : ils sont économiques, impossibles à rater et, surtout, on peut n'en faire qu'une bouchée. Le partenaire idéal des apéritifs dînatoires de dernière minute.

1 Faites cuire les œufs pendant 9 min dans un grand volume d'eau bouillante salée. Déposez-les dans un saladier rempli d'eau froide. Réservez au frais pendant au moins 30 min.

2 Quand les œufs sont bien descendus en température, écalez-les, puis coupez-les en deux. Avec une petite cuillère, ôtez le jaune de chaque demi-œuf et émiettez-le dans la mayonnaise. Mélangez bien et, à l'aide d'une petite cuillère, déposez cette préparation dans le trou de chaque œuf.

3 Conservez vos œufs mimosa au frais et agrémentez de ciboulette et des épices de votre choix au moment de les servir.

RECETTE VEGGIE

POUR
4 PERSONNES
PRÉPARATION
15 MIN
CUISSON
10 À 15 MIN
REPOS
2 H

Farce aux champignons

130 g de champignons de Paris
1 oignon
30 g de beurre
50 g de farine
25 cl de lait
50 g de fromage râpé
Sel, poivre

Panure

50 g de farine
1 ou 2 œufs
50 g de chapelure
Huile de friture

Croquettes
de champignons

Farce aux champignons

1 Nettoyez les champignons en les essuyant délicatement avec un chiffon et coupez-les en petits morceaux. Pelez et émincez l'oignon. Faites-les revenir ensemble dans une poêle avec le beurre pendant 8 à 10 min ou jusqu'à ce qu'ils soient bien colorés. Salez et poivrez.

2 Hors du feu, ajoutez la farine, mélangez puis versez le lait et le fromage râpé. Remettez sur le feu. Mélangez et laissez bouillir en remuant sans cesse afin que le tout s'épaississe mais n'accroche pas.

3 Versez la préparation dans un plat et laissez refroidir pendant 2 h au réfrigérateur.

Panure

4 Placez la farine, l'œuf battu et la chapelure dans 3 récipients distincts. Sortez le plat du réfrigérateur, prélevez 1 belle c. à s. de la préparation et formez une quenelle entre vos mains. Passez cette quenelle dans la farine, puis dans l'œuf battu et, enfin, dans la chapelure. Répétez l'opération jusqu'à épuisement de la pâte. Placez les quenelles sur une plaque de cuisson et conservez-les au réfrigérateur en attendant de les frire.

5 Faites chauffer de l'huile dans une friteuse ou une grande casserole. Lorsque cette dernière est bien chaude, plongez les croquettes dedans par petits groupes et laissez-les cuire 3 min environ afin qu'elles soient bien dorées. Dégustez immédiatement.

POUR
4 PERSONNES
PRÉPARATION
20 MIN
CUISSON
10 MIN
REPOS
2 H

4 maquereaux
2 échalotes
½ carotte
1 branche de céleri
1 filet d'huile d'olive
5 cl de vinaigre de vin blanc
20 cl de vin blanc sec
Laurier
Thym
Sel, poivre

Maquereaux marinés façon escabèche

1 Levez les filets de maquereaux. Disposez-les dans un plat et assaisonnez-les avec du sel et du poivre.

2 Pelez les échalotes, la demi-carotte et le céleri, puis émincez-les. Faites revenir les légumes dans une poêle avec un filet d'huile d'olive pendant 5 min. Déglacez au vinaigre et au vin blanc sec, puis ajoutez le laurier et le thym.

3 Laissez bouillir 5 min et versez le mélange sur les maquereaux.

4 Laissez refroidir 2 h avant de déguster.

POUR
4 PERSONNES
PRÉPARATION
30 MIN
CUISSON
15 MIN

1 poireau
1 oignon
5 cl d'huile d'olive
500 g de potiron
5 carottes
1 navet
Sel, poivre

Soupe « détox » aux légumes d'hiver

Cette soupe « détox » est à la fois saine et nourrissante. Elle vous réchauffera les mois d'hiver. Vous pouvez utiliser d'autres légumes si vous en avez et, petit plus, elle peut être faite avec des légumes en fin de vie ou un peu abîmés.

1 Lavez le poireau, retirez la première couche et taillez-le en rondelles. Pelez l'oignon et émincez-le. Faites-les revenir ensemble à feu doux dans une cocotte avec l'huile d'olive pendant 10 min environ.

2 Épluchez le potiron, les carottes et le navet. Coupez-les en dés. Ajoutez-les dans la cocotte et laissez suer pendant 5 min à feu moyen. Assaisonnez avec du sel, du poivre et remuez.

3 Couvrez les légumes d'eau ou de bouillon, mettez le couvercle et poursuivez la cuisson pendant 15 à 20 min.

4 Quand les légumes sont cuits, mixez à l'aide d'un mixeur plongeant. Servez et dégustez.

POUR
1 CROISSANT

PRÉPARATION
5 MIN

CUISSON
5 MIN

1 croissant (qui peut dater de la veille)

1 poignée de cheddar râpé (ou un autre fromage de votre choix)

20 g de beurre

1 œuf

1 tranche de jambon blanc

Sel, poivre

Croissant sandwich

On le connaît tous, ce dernier croissant qu'aucun collègue ne se dévoue à prendre. Celui qui, perdu au fond du sachet, va être inévitablement oublié puis jeté. Entrez en jeu, agissez : ce croissant, vous allez le sauver et lui donner une seconde vie en quelques minutes !

1 Préchauffez le four à 200 °C. Coupez le croissant en deux dans le sens de la longueur. Ouvrez-le et répartissez le fromage râpé sur ses 2 faces. Placez le croissant sur une plaque de cuisson et enfournez pour 5 min.

2 Mettez une petite casserole sur feu doux et faites-y fondre le beurre. Battez l'œuf dans un bol, puis versez-le dans la casserole. Faites-le cuire quelques minutes selon la consistance désirée : 2 min pour un œuf baveux, 3 min pour un œuf plus ferme. Ôtez la casserole du feu et sortez le croissant gratiné du four.

3 Déposez le jambon, puis l'œuf, sur la face inférieure du croissant et rabattez l'autre face sur le tout. Dégustez !

Astuce

Pour une version veggie, oubliez le jambon !

RECETTE VEGGIE

POUR
4 PERSONNES

PRÉPARATION
15 MIN

CUISSON
30 MIN

- 300 g de riz basmati
- 1 oignon rouge
- 45 cl de bouillon de légumes
- 2 carottes
- 2 courgettes
- 2 c. à s. de sauce soja
- 25 g de beurre
- 4 œufs
- Huile d'olive
- Sel, poivre

Riz sauté aux légumes, œufs au plat

1 Préchauffez le four à 180 °C. Pelez l'oignon rouge et ciselez-le. Faites-le revenir avec 2 c. à s. d'huile d'olive dans une cocotte allant au four. Ajoutez le riz basmati et faites-le revenir pendant 2 min. Ajoutez 45 cl de bouillon, du sel et portez à ébullition, sans mélanger. Couvrez et enfournez pour 18 min. Au bout de ce temps-là, égrainez le riz à l'aide d'une fourchette. Réservez.

2 Pelez les carottes et lavez-les avec les courgettes. Râpez les carottes et les courgettes séparément. Faites chauffer 2 c. à s. d'huile d'olive dans une poêle, ajoutez les carottes râpées et faites-les revenir 2 min à feu moyen-vif. Ajoutez les courgettes râpées et prolongez la cuisson 1 min. Débarrassez les légumes dans un bol.

3 Ajoutez 1 c. à s. d'huile d'olive dans la poêle, versez-y le riz et faites-le revenir pendant 3 min. Quand il est bien chaud, ajoutez la sauce soja et mélangez 30 s. Ajoutez les légumes et mélangez.

4 Pendant la cuisson du riz, faites chauffer le beurre dans une poêle et faites-y cuire les œufs au plat. Servez le riz sauté avec les œufs au plat.

POUR
6 PERSONNES

PRÉPARATION
15 MIN

CUISSON
45 MIN

Ratatouille
500 g de tomates
2 oignons
2 gousses d'ail
1 filet d'huile d'olive
1 poivron rouge
2 courgettes
1 aubergine
½ c. à c. de sel
Herbes de Provence

Polenta
240 g de polenta
20 cl de crème de soja
Sel

RECETTE VÉGANE · RECETTE VÉGANE

Polenta crémeuse, ratatouille

Ratatouille

1 Lavez les tomates, coupez-les en tranches, puis mettez-les dans un petit mixeur afin d'obtenir une texture de sauce.

2 Épluchez les oignons et les gousses d'ail. Détaillez-les en dés. Faites-les revenir dans une sauteuse avec l'huile d'olive pendant 5 min à feu doux.

3 Pendant ce temps, lavez le poivron, les courgettes et l'aubergine et coupez-les en dés. Ajoutez-les dans la sauteuse. Versez la sauce tomate, le sel, ajoutez les herbes de Provence et mélangez. Laissez cuire à feu doux pendant 40 min.

Polenta

4 Dans une casserole, faites bouillir 75 cl d'eau salée. Lorsque l'eau bout, versez la polenta en pluie en remuant à l'aide d'une spatule en bois durant quelques minutes, le temps qu'elle se décolle des parois de la casserole. Hors du feu, ajoutez la crème de soja et mélangez. Servez la polenta bien chaude avec la ratatouille.

RECETTE VEGGIE

POUR
4 PERSONNES
PRÉPARATION
15 MIN
CUISSON
35 À 40 MIN

- 1 laitue
- 1 noisette de beurre
- 3 œufs
- 25 cl de lait
- 100 g de fromage blanc
- 25 g de farine
- ½ c. à c. de poivre
- ½ c. à c. de curcuma (facultatif)
- 150 g de comté râpé

Quiche sans pâte à la laitue et au comté

1 Effeuillez la laitue, lavez-la, puis essorez-la. Faites-la revenir dans une poêle avec une noisette de beurre jusqu'à ce que les feuilles soient « tombées », comme pour de l'épinard.

2 Préchauffez le four à 200 °C. Dans un saladier, fouettez les œufs en omelette avec le lait, le fromage blanc et la farine. Ajoutez le poivre et le curcuma si vous en utilisez, puis le comté râpé et la laitue cuite. Mélangez le tout.

3 Versez la préparation dans un plat allant au four. Enfournez et faites cuire 30 à 35 min. Servez avec une salade et dégustez immédiatement.

RECETTE VEGGIE

POUR
4 PERSONNES
PRÉPARATION
10 MIN
CUISSON
10 MIN

2 courgettes
2 gousses d'ail
2 c. à s. d'huile d'olive
2 c. à s. de pesto
400 g de chèvre frais
100 g de parmesan
Quelques feuilles de basilic (facultatif)
Sel, poivre

Tagliatelles de courgettes au chèvre frais

1 Lavez les courgettes, puis taillez-les dans la longueur à l'aide d'une petite mandoline ou d'un couteau économe afin d'obtenir des tagliatelles.

2 Pelez l'ail et écrasez-le. Dans une poêle, faites revenir l'huile d'olive avec l'ail écrasé. Ajoutez les tagliatelles de courgettes et faites-les revenir quelques minutes. Ajoutez le pesto et mélangez. Émiettez légèrement le chèvre frais, incorporez-le aux tagliatelles de courgettes et mélangez à nouveau. Salez et poivrez.

3 Répartissez les tagliatelles de courgettes dans des assiettes creuses. Ajoutez le parmesan râpé ou en copeaux ainsi que quelques feuilles de basilic si vous le souhaitez. Dégustez bien chaud !

POUR
4 PERSONNES
PRÉPARATION
15 MIN
CUISSON
35 MIN

600 g de pommes de terre
1 oignon
100 g de gruyère râpé
2 œufs
4 tranches de jambon
6 tranches d'emmental
Sel, poivre

Omelette
roulée

1 Préchauffez le four à 180 °C. Pelez les pommes de terre, lavez-les, puis râpez-les. Pelez l'oignon et ciselez-le. Mettez les pommes de terre dans un bol et ajoutez l'oignon ciselé, le gruyère râpé et les œufs. Salez, poivrez et mélangez vivement.

2 Étalez cet appareil sur une plaque recouverte de papier cuisson. Enfournez pour 25 min, puis laissez tiédir hors du four.

3 Répartissez les tranches de jambon sur l'omelette cuite, puis ajoutez les tranches d'emmental. Roulez l'omelette sur elle-même afin de lui donner une forme de gâteau roulé.

4 Enfournez de nouveau pour 10 min afin de faire fondre le fromage. Dégustez bien chaud !

POUR
4 PERSONNES

PRÉPARATION
10 MIN

CUISSON
20 MIN

350 g de pâtes courtes (de type coudes rayés)

2 boîtes de sardines de 135 g chacune

½ oignon

1 c. à s. d'huile d'olive

2 boîtes de pulpe de tomates de 400 g chacune

Sel, poivre

Pâtes aux sardines

On a toujours une boîte de conserve ou deux qui traînent dans nos placards. Pour peu qu'il vous reste des pâtes déjà cuites d'une précédente recette, vous tiendrez ici la «recette de placard» ultime.

1 Égouttez soigneusement les sardines en les laissant dans leur boîte.

2 Pelez et ciselez l'oignon. Faites chauffer une poêle avec 1 c. à s. d'huile d'olive. Ajoutez l'oignon et faites-le revenir 5 min. Ajoutez la pulpe de tomates et les sardines. Écrasez ces dernières grossièrement avec une cuillère en bois. Ajoutez un peu de sel et laissez mijoter environ 10 min. La sauce doit épaissir.

3 Pendant ce temps, faites cuire les pâtes dans un grand volume d'eau bouillante salée selon les indications du paquet. Égouttez-les et remettez-les dans la casserole.

4 Poivrez la sauce aux sardines, goûtez et rectifiez éventuellement l'assaisonnement. Versez-la dans la casserole contenant les pâtes et mélangez bien. Servez dans des assiettes creuses.

POUR
4 PERSONNES
PRÉPARATION
15 MIN
CUISSON
5 MIN

- 300 g de navets
- 250 g de pommes de terre
- 1 oignon jaune
- ½ bouquet de persil frais
- 2 œufs
- 2 c. à s. de farine
- Noix de muscade râpée
- Beurre
- Sel, poivre

RECETTE VEGGIE

Röstis de navets

1 Épluchez les navets et les pommes de terre, puis râpez-les. Pelez l'oignon et émincez-les finement. Lavez le persil et ciselez-le finement.

2 Dans un bol, battez les œufs en omelette, ajoutez du sel, du poivre et, éventuellement, un peu de muscade. Ajoutez les pommes de terre et les navets râpés, l'oignon et, enfin, la farine. Mélangez bien.

3 Façonnez des galettes et faites-les cuire dans une poêle avec du beurre 5 à 6 min de chaque côté. Servez les röstis chauds, avec une salade.

RECETTE VÉGANE · RECETTE VÉGANE

POUR
4 PERSONNES
PRÉPARATION
5 MIN
CUISSON
40 MIN

- 250 g de haricots blancs en conserve
- 1 gousse d'ail
- 1 c. à s. d'huile d'olive
- 3 branches de thym
- 2 boîtes de tomates concassées
- 2 c. à c. de concentré de tomate
- 3 c. à s. de sirop d'érable (facultatif)
- Sel, poivre

Haricots blancs à la tomate

Voici une recette toute simple pour pimper les boîtes de conserve qui font de la figuration dans le fond de vos placards. Et en plus, elle est super nourrissante !

1 Pelez et hachez l'ail. Dans une sauteuse, faites-le suer quelques secondes avec l'huile d'olive. Ajoutez le thym, les tomates concassées, le concentré de tomate et le sirop d'érable si vous le souhaitez. Portez à ébullition et faites cuire 30 min à petite ébullition.

2 Égouttez et rincez les haricots. Plongez-les dans la sauce, remuez bien, salez, poivrez et poursuivez la cuisson 10 min.

RECETTE VEGGIE · RECETTE VEGGIE

POUR
4 PERSONNES

PRÉPARATION
20 MIN

CUISSON
1 H

800 g de pommes de terre
3 gousses d'ail
50 cl de crème entière liquide
Noix de muscade râpée
100 g de gruyère râpé
Sel, poivre

Gratin de pommes de terre

Ceci est en fait une version crémeuse et fromagère du gratin dauphinois.

1 Préchauffez le four à 200 °C. Épluchez les pommes de terre et coupez-les en tranches de moins de 5 mm d'épaisseur. Pelez les gousses d'ail et émincez-les.

2 Dans un plat à gratin, déposez une couche de pommes de terre en les répartissant bien sur l'ensemble du plat, puis ajoutez quelques cuillerées à soupe de crème, un peu d'ail, une pincée de sel et une pincée de muscade. Répétez l'opération dans cet ordre jusqu'à épuisement des ingrédients. Terminez par une belle cuillerée de crème et ajoutez le gruyère râpé.

3 Recouvrez le plat d'une feuille de papier d'aluminium et enfournez pour 50 min. Ôtez l'aluminium et laissez le gratin dorer 10 min supplémentaires.

Astuce anti-gaspi

Ce genre de plat est excellent réchauffé ! N'hésitez pas à en manger des parts pendant la semaine ou même à en congeler pour plus tard.

POUR
4 PERSONNES
PRÉPARATION
10 MIN
CUISSON
15 MIN

400 g de pâtes courtes (de type radiatori)
2 citrons jaunes
30 g de beurre
40 cl de crème fraîche épaisse
90 g de parmesan râpé
Sel, poivre

Pâtes au citron et au parmesan

1 Faites cuire les pâtes dans de l'eau bouillante salée, selon les indications du paquet. Gardez une louche d'eau de cuisson dans un bol.

2 Pendant ce temps, prélevez les zestes des 2 citrons et pressez-en un. Faites fondre le beurre dans une poêle à feu moyen. Quand il est mousseux, ajoutez le jus de citron et les zestes. Mélangez, ajoutez la crème fraîche épaisse, 60 g de parmesan râpé et mélangez à nouveau.

3 Égouttez les pâtes, ajoutez-les dans la poêle et mélangez bien, hors du feu. Ajoutez éventuellement un peu d'eau de cuisson.

4 Servez les pâtes avec du poivre et le reste de parmesan râpé.

Astuce anti-gaspi

Ne jetez pas le citron non utilisé dont vous avez prélevé le zeste. Il peut se garder quelques jours.

RECETTE VEGGIE

POUR
6 PERSONNES

PRÉPARATION
15 MIN

CUISSON
20 MIN

- 1 pâte brisée maison (voir p. 11) ou du commerce
- 3 tomates
- 2 c. à s. de moutarde
- 3 œufs
- 1 c. à s. de crème fraîche
- Sel, poivre

Tarte
à la tomate

Les tartes sont toujours une bonne idée pour ne pas perdre des légumes un peu abîmés. Le petit plus de cette recette : le fond moutardé !

1 Préchauffez le four à 180 °C. Étalez la pâte brisée et déposez-la dans un moule à tarte en fonçant ce dernier. Taillez l'excédent de pâte et piquez le fond à l'aide d'une fourchette. Badigeonnez le fond de tarte de moutarde.

2 Lavez les tomates, puis taillez-les en rondelles. Disposez-les dans le fond de tarte, sur la couche de moutarde.

3 Battez les œufs avec la crème fraîche à l'aide d'un fouet, salez et poivrez. Versez l'appareil obtenu sur les tomates. Enfournez et laissez cuire environ 20 min. Dégustez cette tarte encore bien chaude et accompagnée d'une salade.

POUR
6 PERSONNES

PRÉPARATION
20 MIN

CUISSON
40 À 45 MIN

REPOS
15 MIN

250 g env. de restes de viennoiserie, brioche ou pain

40 cl de lait

3 œufs

40 g de sucre

1 sachet de sucre vanillé

100 g de chocolat noir

30 g de beurre

Bread and butter pudding

Ce « gâteau aux restes » est la solution idéale pour sauver tout reste de viennoiseries, de brioche ou même de pain de la poubelle. Rapide, simple et évidemment économique, il est très gourmand et parfait pour le goûter.

1 Préchauffez le four à 180 °C. Faites tremper les restes de vos viennoiseries dans le lait et laissez-les 15 min au moins pour bien les ramollir.

2 Pendant ce temps, mélangez les œufs et les sucres à l'aide d'un fouet. Faites fondre le beurre en le passant 30 s au four à micro-ondes, puis incorporez-le au mélange œufs-sucres.

3 Écrasez les restes de viennoiseries imbibées de lait avec un presse-purée et mélangez-les avec la préparation précédente. Enfin, concassez le chocolat en petits morceaux et ajoutez-les au mélange.

4 Beurrez un moule à cake et versez-y l'appareil. Enfournez pour 40 à 45 min de cuisson environ. Laissez tiédir avant de démouler le gâteau.

POUR
4 PERSONNES
PRÉPARATION
5 MIN
REPOS
10 MIN
CUISSON
15 MIN

8 tranches de brioche bien sèche, qui date au moins de 2 jours
2 œufs
6 c. à s. de sucre
24 cl de lait
25 g de beurre
Quelques pincées de sucre brun (facultatif)

Brioche perdue

La brioche, c'est bon, mais la brioche perdue, c'est fou ! Et ce qui est fantastique, c'est qu'elle peut se déguster aussi bien au petit déjeuner qu'au brunch, ou faire un très bon dessert gourmand. Une recette anti-gaspi qui coche donc toutes les cases.

1 Cassez les œufs dans un plat suffisamment grand. Ajoutez le sucre et le lait, puis mélangez bien le tout à l'aide d'une fourchette.

2 Disposez les tranches de brioche à plat dans ce mélange. Laissez reposer 5 min, puis retournez-les et laissez reposer de nouveau 5 min, afin de bien imbiber les 2 faces. Procédez en plusieurs fois si votre plat n'est pas assez grand.

3 Faites chauffer le beurre dans une poêle, à feu doux. Saupoudrez si vous le souhaitez un peu de sucre brun sur les 2 faces des brioches imbibées, et faites-les dorer à feu doux 5 min de chaque côté. Augmentez un peu le feu et faites cuire de nouveau chaque face 1 à 2 min afin d'obtenir un beau résultat doré.

4 Dégustez la brioche perdue tant qu'elle est bien chaude.

POUR
6 À 8 PERSONNES
PRÉPARATION
30 MIN
CUISSON
45 MIN

- 3 oranges
- 50 g de sucre
- 50 g de sucre glace
- 50 g de cassonade
- 3 œufs
- 120 g de beurre
- 250 g de farine
- 1 sachet de levure

Cake
à l'orange

La meilleure façon de ne pas jeter des oranges un peu vieilles, c'est celle-ci : préparer ce cake et le déguster pour le goûter.

1 Préchauffez le four à 150 °C. Râpez le zeste de 2 oranges à l'aide d'un zesteur. Prélevez les quartiers de l'une d'elles et coupez-les en petits morceaux. Enfin, coupez la dernière orange en tranches très fines, sans la peler. Réservez le tout.

2 Dans un saladier, mélangez les trois sucres avec le zeste d'orange râpé, puis ajoutez les œufs et fouettez. Faites fondre le beurre en le passant 30 s au four à micro-ondes et incorporez-le à la préparation, mélangez bien.

3 Ajoutez la farine et la levure, puis mélangez à nouveau en veillant bien à ne pas laisser de grumeaux. Pour terminer, ajoutez les quartiers d'orange en morceaux.

4 Beurrez un moule à cake, versez-y la préparation et enfournez. À côté du moule, sur une feuille de papier sulfurisé, déposez les tranches d'orange et saupoudrez-les d'un peu de sucre glace. Laissez cuire le tout 45 min, puis laissez refroidir. Démoulez le cake et disposez les tranches d'orange dessus avant de servir.

Astuce anti-gaspi

Il doit normalement vous rester la chair de la seconde orange dont vous avez râpé le zeste. Grignotez-la en cuisinant ou gardez-la pour une salade de fruits.

POUR
6 PERSONNES
PRÉPARATION
10 MIN
CUISSON
1 H 05
REPOS
2 H

1 l de lait entier
2 c. à c. d'extrait de vanille
6 gros œufs
70 g de sucre cassonade ou semoule
1 pincée de sel

Œufs au lait

Ce dessert est d'une simplicité presque déconcertante, mais il est délicieux. Vous pouvez, si vous le souhaitez, l'agrémenter d'un peu de confiture.

1 Préchauffez le four à 160 °C. Faites bouillir le lait dans une casserole avec l'extrait de vanille. Retirez du feu.

2 Dans un saladier, fouettez les œufs avec le sucre et le sel, puis ajoutez le lait chaud tout en mélangeant doucement afin d'éviter de faire mousser l'appareil.

3 Versez cette préparation dans des ramequins ou un plat de type plat à gratin. Abaissez la température du four à 120 °C et enfournez. Laissez cuire 1 h environ. Les œufs au lait sont cuits lorsqu'ils tremblotent et qu'une lame de couteau enfoncée dedans en ressort propre.

4 Laissez refroidir à température ambiante, puis mettez au frais pour 2 h.

Astuce

Vous pouvez saupoudrer ces œufs au lait de cassonade quelques minutes avant la fin de la cuisson, puis les laisser caraméliser sous le gril du four.

POUR
4 PERSONNES

PRÉPARATION
10 MIN

CUISSON
45 MIN

250 g de yaourt (soit 2 pots de yaourt)

20 g de beurre

180 g de sucre

2 œufs

1 pincée de sel

8 cl d'huile neutre

220 g de farine

1 sachet de levure

Gâteau au yaourt

S'il vous reste un yaourt dont la date est dépassée depuis quelques jours, ou que votre bébé a entamé sans finalement vouloir le manger, voici la recette qu'il vous faut !

1 Préchauffez le four à 180 °C. Beurrez un moule à cake.

2 Dans un saladier, mélangez le sucre avec les œufs à l'aide d'un fouet. Ajoutez le sel, puis versez l'huile. Ajoutez le yaourt et continuez de mélanger. Incorporez la farine et la levure.

3 Lorsque l'appareil est bien homogène, versez-le dans le moule à cake. Enfournez et faites cuire 45 min dans le bas du four.

POUR
4 À 6 PERSONNES
PRÉPARATION
10 MIN
CUISSON
30 MIN

5 pommes
3 poires
150 g de farine
125 g de poudre d'amande
150 g de cassonade
200 g de beurre demi-sel
1 c. à c. de vanille en poudre
1 pincée de cannelle en poudre (facultatif)

Crumble pomme-poire

1 Préchauffez le four à 180 °C. Épluchez les pommes et les poires, retirez-en le pédoncule et le cœur, puis détaillez-les en tranches.

2 Beurrez et sucrez un plat de 20 x 30 cm environ, et répartissez-y les tranches de fruits en les alternant.

3 Dans un saladier, mélangez la farine, la poudre d'amande, la cassonade, la vanille et, éventuellement, la cannelle. Ajoutez le beurre demi-sel en malaxant à la main sans trop travailler la pâte obtenue.

4 Recouvrez-en les fruits, en émiettant cette dernière du bout des doigts. Enfournez pour 30 min. Dégustez tiède ou froid.

POUR
4 PERSONNES
PRÉPARATION
10 MIN
CUISSON
50 MIN

- 4 bananes mûres
- 80 g de beurre demi-sel à température ambiante + 15 g
- 130 g de sucre roux
- 250 g de farine
- 4 g de levure chimique
- 1 c. à .c de bicarbonate
- 2 œufs
- 2 c. à . s de babeurre

Banana bread toasté

Le banana bread est la façon la plus gourmande de tirer profit de vos bananes en fin de vie et de ne pas les gâcher. Plus celles-ci seront mûres, plus votre gâteau aura de goût !

1 Préchauffez le four à 170 °C. Dans un saladier, travaillez le beurre à l'aide d'une spatule en bois pour le rendre pommade. Ajoutez le sucre et fouettez le mélange lentement d'abord, puis un peu plus rapidement.

2 Écrasez les bananes à la fourchette jusqu'à l'obtention d'une purée. Incorporez-la à l'appareil beurre-sucre avec la spatule en bois. Mélangez la farine, la levure et le bicarbonate et ajoutez le tout au premier mélange. Ajoutez les œufs un à un, puis le babeurre.

3 Chemisez un moule à cake avec une feuille de papier cuisson préalablement beurrée. Versez l'appareil et enfournez 50 min. Attendez quelques minutes à la sortie du four avant de démouler le banana bread et laissez-le refroidir totalement avant de le couper.

4 Au moment de servir, faites fondre une noisette de beurre dans une poêle et faites toaster chaque tranche. Vous pouvez également faire griller les tranches de banana bread au grille-pain et faire fondre une noisette de beurre dessus juste avant de les déguster.

Annexes

TABLE DES MATIÈRES

Chapitre 3

COMME UN CHEF

Chapitre 4

FONDS DE PLACARD

ANNEXES

INDEX DES RECETTES
PAR ORDRE ALPHABÉTIQUE

INDEX DES RECETTES PAR REPAS

Entrées et apéro

Plats

Desserts et goûters

INDEX DES RECETTES PAR TYPE

Finger food

Tartinades et condiments

Tartines et sandwichs

Salades

Soupes

Plats de légumes

Pâtes

Riz

Œufs

Poissons

Viandes et volailles

Compotes, crèmes et mousses

Tartes et quiches

Gâteaux et petits gâteaux

INDEX DES PRODUITS

Directrice
Aurore Charoy

Éditrice
Jessica Rostain

Direction artistique et conception graphique
Justeciel

Responsable des partenariats et droits étrangers
Stéphanie Bardon
stephanie.bardon@webedia-group.com

Imprimé en Chine par Toppan sur du papier FSC provenant de bois gérés de manière responsable.

MIXTE
Papier | Pour une gestion forestière responsable
FSC® C104723

ISBN : 978-2-38184-092-5
Dépôt légal : 3e trimestre 2024

2 rue Paul Vaillant-Couturier
92532 Levallois-Perret Cedex

Conception des recettes
Noémie Bourrié, Cyrielle Boutaud, Chef Damien, Thomas Feller, Denny Imbroisi, Mehdiya Kerairia, Caroline Lesguillons, Marine Néglot, Pascale Weeks.

Crédits photographiques
p. 15 : © Micheile Henderson / Unsplash ; pp. 23, 28, 49, 69, 70, 75, 119, 134, 147, 149, 183, 191, 209, 217 : © Betül Balkan ; pp. 25, 27, 35, 43, 63, 102, 144, 152, 165, 167, 171, 225 : © Rina Nurra ; pp. 31, 39, 169, 177, 187, 189 : © Dorian Nieto ; pp. 32, 133, 143, 155, 194 : © Sandrine Saadi (Studio Basilic) ; pp. 37, 45, 50, 81, 85, 88, 97, 101, 105, 109, 114, 193, 203, 211 : © Silvia Santucci ; pp. 40, 57, 67, 91, 99, 113, 117, 123, 162, 172, 181, 199, 213, 214, 219, 222 : © Marine Néglot ; pp. 47, 141 : © Spatule Prod ; pp. 53, 59, 65, 83, 87, 107, 111, 131, 137, 151, 157, 159, 161, 184, 197, 204 : © Caroline Lesguillons ; pp. 55, 60 : © Aimery Chemin ; pp. 73, 121, 175, 221 : © Guillaume Czerw ; pp. 79, 93, 129, 201 : © Dorian Nieto et © Nadia Arestan ; pp. 95, 127, 139 : © Paula Soryano ; pp. 207, 227 : © Edouard Sicot.